学びをめぐる多様性と授業・学校づくり

宇野宏幸・一般社団法人日本LD学会
第29回大会実行委員会：編著

宇野　宏幸
鳥居　深雪
井澤　信三
花熊　　曉
涌井　　恵
阿部　利彦
中嶋　信啓
石橋由紀子
奥村　好美
桑原　昌之
宅明　健太
佐藤麻里子
吉冨一九子
赤木　和重

金子書房

はじめに

本書は，一般社団法人日本LD学会の第３回研究集会（2020年1月25日開催）と第29回大会（2020年10月10日，11日開催）を連動しての企画として生まれました。

研究集会では「学びの多様性をふまえたインクルーシブ教育とは」の全体テーマのもとで，鳥居深雪先生による基調講演「学びの多様性をふまえたインクルーシブ教育」と，シンポジウム「海外の実践から日本型インクルーシブ教育を考える―子どもの多様性，学校の多様性をふまえて」を企画・実施しました。本書の第Ⅲ部は，このシンポジウムに登壇いただいた先生方を中心に執筆いただいています。また，第29回大会は「発達障害と教育の未来―学びの多様性をふまえた学校づくりへ―」をメインテーマとしましたが，開催に先立って大会企画シンポジウムに関係する先生方に，これからの授業・学校づくりを考えるための原稿を執筆いただき，第Ⅱ部としてまとめてあります。

本書のねらいは「学びをめぐる多様性」とはどういうことかをふまえ，我が国における未来の教育の在り方，発達障害のある子どものためのインクルーシブ教育の姿，について考えることにあります。このため，第Ⅰ部では，まず歴史・文化的な背景をふまえた大所から，学校教育の文脈を捉えたいと考えました。それから，新たな時代に生きる子どもたちを考えた時に，どのような教育の姿が見えてくるのかも提示したいと思いました。ここでは，また，学校教育を応用行動分析という専門的な観点から眺めると，どのように彼らの多様性が見えてくるのか，も含めています。

＊　　　＊

「学びをめぐる多様性」を考えていくにあたって，そもそも論になりますが，多様性ってどういうことだろう，から始めてみたいと思います。これまでも，発達障害をめぐる学びの難しさについて研究・実践に携わる人々は，子どもが学んでいくにあたって，多様性や違いがあることを訴えてきましたが，ここで少しだけ整理しておきたいと思います。

テレビの番組で「バラエティ（variety）」というジャンルがありますが，日本語で言うと，バラエティは「多種多様」なさまのことです。これは，とにかく様々で変化に富んでいる状態を表しています（図0-1左）。一般に，多様だと言われる時には，このようなニュアンスで使われていると思います。「違い」については，どうでしょうか。日常生活で違いがあると言う時には，様々に違うという意味も込められるのですが，英語のdifference（差異）の語源的な意味合いでは，直線上での量的な違いを表すようです（図0-1中）。つまり，「定型—非定型」，「障害でない—障害」，という連続したモノサシがあるとして，これら次元内での違いということです。これに対して，英語の多様性diversityの語源を見てみると，「di：離れてバラバラに」，「vers：方向を転換する」という意味を持っています。このことから，元来的に多様性という言葉には，様々な方向を持った軸が想定されることになります（図0-1右）。学びをめぐる軸では，子どもの「学び方」「学ぶ領域」「学ぶ意欲」等々になるでしょうか。おそらく，このような軸を確かなものとして見つめ，捉えていくことが大切だろうと思います。

学びの多様性をめぐるなかで，キーワードとなる授業のユニバーサル・デザイン（UD）の「ユニバーサル」についても，その由来から考えておきたいと思います。授業UDは，一般的に，子どもに分かりやすい授業を目指すこととされますが，人的または物理的な環境のUD化を図りましょう，と言われることもあります。ユニバーサルという言葉には，元々の意味として，普遍的な，本

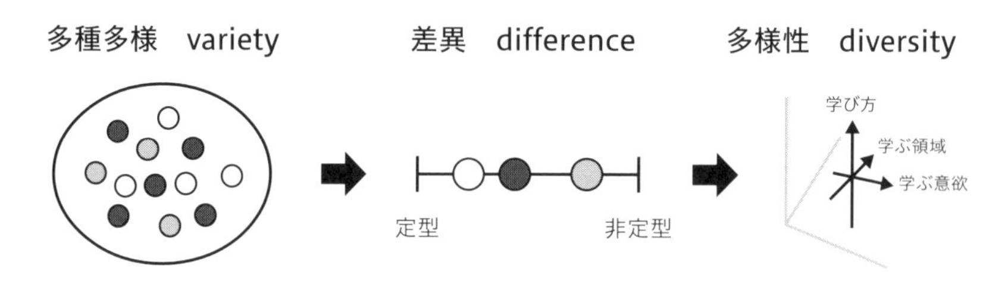

図0-1　多種多様，差異，多様性のイメージ

質的なということが含まれています。英語のuniverseのuniは「単一の」ということですから，核心へ向かっていくというニュアンスが含まれています。

図0-2のイラストを見てみてください。中世の天文学者が，望遠鏡で夜空に浮かぶ天体を観測しています。宇宙を表す英語の一つは，universeです。これは，天体の動きに普遍的な法則を見つけようとしていた人々の営みから名づけられたようです。universeという単語に込められた意味合いから，ユニバーサル化とは普遍的に大切なことを追い求める姿勢だと捉えてはいかがでしょうか。教師が授業をめぐって本質的，普遍的に大切なことを追求していくことが，ユニバーサル・デザイン化と考えられるのではないでしょうか。

＊　　　＊

本書の内容をキャッチコピーをつけてご紹介します。編者の裁量で，キャッチー度大です。ご了解ください。

第Ⅰ部は，現在の我が国の学校教育や特別支援教育の立ち位置を俯瞰して見るための視座を提供しています。第１章は，編者の宇野が**「世界に学び，日本の文脈で考えよう！」**と風呂敷を広げてみました。違いを認識して理解するためには，その違いを知らないとなりません。教育には，そのお国柄が出てきますが，それは長い歴史と言語・文化に裏打ちされたものとなっています。日本には，日本の文脈があるわけですが，子どもの未来を考えていくと，日本の学校教育の価値をもう一度考える時が，今ではないでしょうか。第２章は鳥居先生に執筆いただいた**「変化に対応する知と学びへ！」**です。学びの多様性とは，どういうことなのか，neurodiversityからインクルーシブ教育に至るまで，今日話題になっている気になる用語を散りばめていただいています。新時

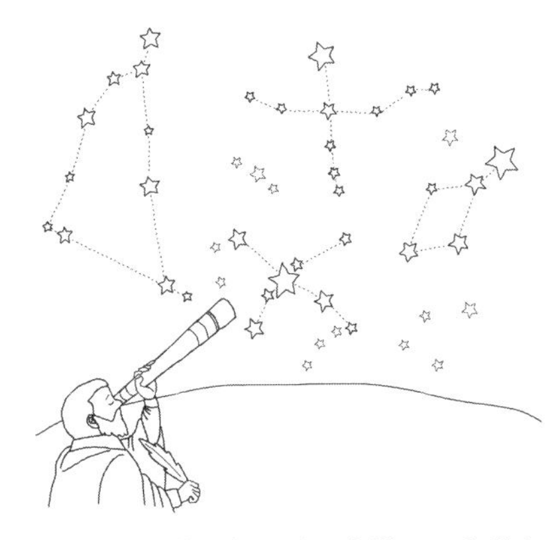

図0-2　天体を観測する中世の天文学者

代を迎えていくなかで，当事者の「私たち抜きで決めないで！」は，インクルーシブの姿そのものです。第３章は，井澤先生から**「行動のABCでステップアップ！」**ということで，応用行動分析という専門性のある領域から，子どもをどのように見たてて，日々の支援につなげていくのかというABCについて述べていただいています。学校という環境のもとで生じる彼らの振る舞いについて，どう理解するかに留まらず，個々の子どもにどう向き合っていけば良いのか示してくれています。

第Ⅱ部は，インクルーシブ志向でクラスの授業をどのように考えていくのか，という話題をまとめています。最初の第４章で，花熊先生から**「学校が変わる，教育が変わる！」**という特別支援教育の秘めた可能性へ，エールを送っていただいています。新しいカタチの授業を担っていくのは，学校の先生方です。先生方の子どもや授業への見方・捉え方，意識が何より変わっていくことが必要なのかもしれません。第５章は，涌井先生からの**「学びへ向けてマルチなテイストで！」**です。知能についても，多様な見方がなされています。これが，マルチ知能です。マルチ知能で考えていくと，自分の得意・不得意が見えやすいだけでなく，周囲の子どもと協力することで，それを補ったり，相乗的な効果が生まれることがわかります。阿部先生の第６章は，**「答えはひとつじゃない！」**です。子ども目線で，授業UDをどう考えるかの答えが，ここにあるような気がしました。子どもの学びの違いを，どのように授業で活かしていくのかについて，先生方もズバッと腑に落ちること間違いありません。第７章は，中嶋先生からの**「学校の挑戦，先生の充実，生徒の満足！」**です。中嶋先生は，中学校の校長として，それぞれの生徒の満足度を第一に考えての学校づくりをされています。このためには，先生方の満足も，当然ながら考えていかないといけないでしょう。ここに，しなやかに挑戦される中嶋先生の姿がありました。

第Ⅲ部は，世界の動きに目を向けるということで，石橋先生の第８章**「私たちの子どものために！」**から始まります。我が国のインクルーシブ教育システム構築の契機となっているのが，国連の「障害者権利条約」です。これ以降の世界の動きを念頭に，私たちは日本の子どもたちのために，どう考えていくのか，問を発しています。第９章は，奥村先生からの**「小さな国の大きな**

自由と幸せ！」です。オランダという小さな国が見せてくれる教育の自由と子どもの幸福に，我々は何を見い出すでしょうか？皆が中流意識を持っていて，生活が満たされたと感じている日本にはないシアワセがオランダにはあるようです。第10章は，桑原先生らによる**「余白のあるノートを創ろう！」**になります。桑原先生は，日本で始めて開校したイエナプランスクール・大日向小学校の校長先生です。イエナプランは，オランダで花開きました。大日向小学校は，イエナプランの理念に基づきながらも，地域とのつながりを大切にしている日本的な学校です。先生方は，子どもの余白づくりを心がけています。最後の第11章は，赤木先生の**「当たり前に馴れきっていませんか！」**です。赤木先生は「違いは美しい」と言い切る，アメリカという多様性にあふれた国に研究滞在されました。その際にめぐり逢った，小さな私立学校で見つけた大切なコトからのメッセージが，このキャッチコピーです。

＊　　　＊

第３回研究集会のシンポジウムでは，学校法人茂来学園・日本イエナプラン教育協会理事の中川綾氏から，大日向小学校の設立準備から開校後の取り組みまでの話題提供をいただきました。日本型のインクルーシブ教育を考える上での大きさ示唆をいただきましたことを，ここに記して感謝申し上げます。また，図0-2のイラストを描いてくれた和田孝子さんにお礼申し上げます。そして，本書の企画から編集に至るまで，金子書房の加藤浩平氏には多大なるご尽力をいただきました。

社団法人日本LD学会 第３回研究集会 実行委員長
第29回大会 大会長
宇野宏幸

CONTENTS

第Ⅲ部 諸外国の理念に学ぶ 我が国のインクルーシブ教育

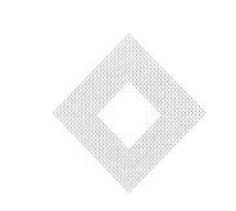

第Ⅰ部

学びの多様性への アプローチ

第１章

これからの学び，学校の未来と発達障害
――欧米と日本の文脈をめぐって

兵庫教育大学大学院
宇野宏幸

本章では，通常の学級におけるこれからの学びについて，発達障害の子どもをめぐる「多様性」と，その「デザイン」をキーワードに述べていきます。このなかで，インクルーシブ（包摂）教育の展開を念頭に置いて，近未来の授業や学校の姿について考えます。これにあたって，３つの観点（歴史・文化，学び，授業・学校）で構図を描いて，これらの関連性についての説明を展開します（図1-1）。これらの観点に共通して含まれる軸を，とりあえず，欧米－日本，違う－同じ，個－集団，論理－感性，インクルーシブ－ユニバーサルというように，対立構造として示します。これらは，実際のところは，白か黒，どちらが

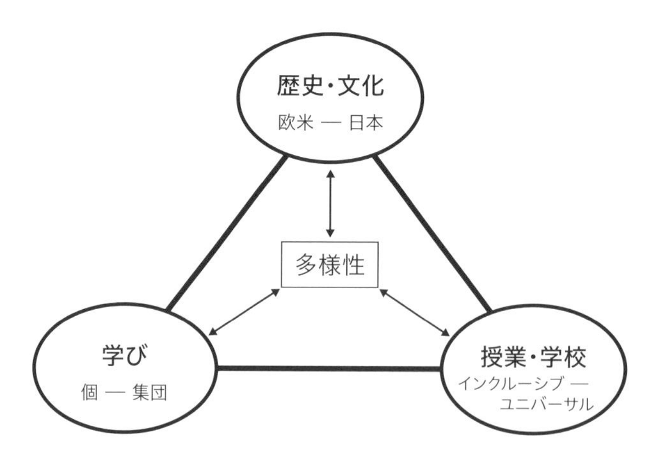

図1-1　歴史・文化，学び，授業・学校と「多様性」のシェーマ

正解か不正解というように二元論的に捉えられるものではありません。それよりも，重層的に影響を与え合っているものですから，それぞれの軸の両端が持つ意味や価値を探りつつ，子どもの学び，授業・学校のあり方の新たなカタチを考えていきたいと思います。

1 日本の教育にも期待される新しい学力観

日本では，江戸時代の寺子屋，明治以降の近代化された学校教育制度のもとで，今日に至るまで，読み，書き，計算の教育が熱心になされてきました。これらは，基礎・基本のアカデミックスキルとして重視されてきたものですが，1998年の学習指導要領の改訂時に，教育内容の精選と併せて当時の文部省が提示した知識活用型の「生きる力」の育成は，脱産業化社会の流れに沿って学力の重心が変化したことを示すものでした。さらに，近年のICT機器の普及によるインターネット社会の勃興，AIによる失業の危機といった社会構造の変化やグローバリゼーションの波は，学校で身につけるべき新たな学力観の受け入れを迫っています。

義務教育終了段階の15才の生徒を対象とした経済開発協力機構（OECD）「生徒の学習到達度調査PISA（Programme for International Student Assessment）」において，我が国は常にトップレベルに位置しており，世界的に見ても「学力」の高い国と評価されています。また，低得点層が比較的少ないことからは，全国あまねく一定水準の教育がなされているとの示唆もあります。この背景としては，我が国では，社会経済文化的水準の生徒間差が小さいことが指摘されています（国立政策研究所，2019）。

PISAでは，どのような学力を見ているのでしょうか。読解力では，社会の活動に参加するために，書かれている情報を取り出し，これら諸情報を統合して，その内容について考え・評価し，表現することが求められています。PISAでは，どれだけ知識を覚えたかというよりも，学んだことをいかに実生活で活かせそうか，を見ているわけです。この学力観は，OECD（2005）がDeSeCo（Definition and Selection of key Competencies）プロジェクトでとりまとめたコンピテンシーの定義を反映しているのです。

「リテラシー」が，読み書きなどの知識・スキルと，これらを使用して情報の理解や応用を指すのに対して，コンピテンシーは，高い業績や結果につながる汎用的能力（行動特性）とされます。例えば，会社の営業で結果として成功するためには，商品に関する知識だけでなく，顧客のニーズ把握やコミュニケーション能力，相手の感情を読み，自己の情動を調整するような非認知スキル，仕事への熱意などが関わってきます。ちなみに，DeSeCoは，３つのキー・コンピテンシーとして「相互作用的に道具を用いる」「異質な集団で交流する」「自律的に活動する」を挙げました。

「異質な集団で交流する」は抽象的なネーミングですが，他者と関係を作る能力，チームとして協力して働く能力，対立を処理し解決する能力が含まれています（第10章p.121も参照）。異質な集団で交流していくにあたって，様々な学びが想定されます。学びをめぐる多様性として，「学び方」と「学びの領域」の違いを取り上げます（図1-2）。他者と上手く関わる，という学びの山に登るにあたって，その道筋（学び方）は個によって様々です。また，キー・コンピテンシーは，複合的な力ですから，そのなかで自分の得意な能力分野（学びの領域）を見つけて，伸ばしていくこともあります。特別な教育ニーズのある子ども向けに，個別の指導計画を作成するにあたっては，どの学びの山へ登るの

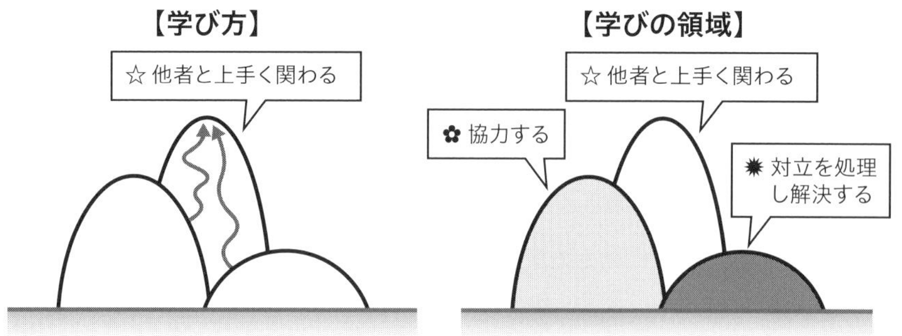

図1-2　学びの山々（学びをめぐる多様性）

か（目標）を考え，その道筋（手立て）を作ることになります。

コンピテンシーのようなグローバル・スタンダードな学力観は，新学習指導要領（文部科学省，2017）においても盛り込まれており，生きる力を育むための新たな展開が示されているところです。新学習指導要領においては，ご存じのように，育成すべき資質・能力の柱として「知識・技能」「思考力・判断力・表現力等」「学びに向かう力 人間性等」の３つが設定されています。これらは，今日の社会生活で必要となる新たな学力の育成を念頭においたものです（松尾，2017）。

❷ 欧米社会と特別支援教育のアプローチ

学力観は，その国の過去，つまり，歴史・文化的な背景とつながっているようです。本節では，こういう歴史的視点を取り入れて論じていきますが，民族，地理的な位置，気候とメンタリティとの関連性などが，さらに深層にあるのかもしれません。日本は，江戸時代の終わりに開国されたことで，欧米の近代文明に触発されることになりました。そして，明治時代の初めには，学校教育制度が全国的に整備され，義務教育が実施されるようになりました。本節での歴史観では，それぞれの時代固有の文化から現代社会への直接的な痕跡と，ある時代から次の時代への影響も想定しています（図1-3）。この辺は，おそらく重

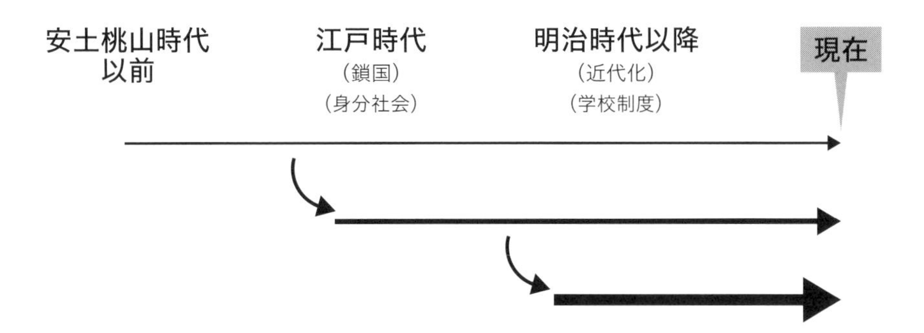

図1-3　日本における現代の社会と人への歴史･文化の重層的な影響

層的かと思われます。時間的に近い時代のモノ・コトが残っていることは多いですが，古い時代を起源とするコトからも，何かしら精神的影響を受けていることでしょう。

我が国では，特別支援教育が2007年度からスタートして，通常の学級に在籍する発達障害のある子どもが，支援・配慮の対象となりました。さらに，2014年に，国連の障害者の権利に関する条約を批准・発効したことを契機に，インクルーシブ教育へ向けた国の体制整備が本格化しました（第８章を参照）。地域でインクルーシブ教育システムを構築する一環として，基礎的環境整備の充実や，合理的配慮の実施が進められつつあります。しかし，我が国におけるインクルーシブ教育のあるべき姿が十分に議論され，その実現に向けたビジョンが明確になっている，とは言い難いところがあるでしょう。そこで，日本における学校教育の風土と，欧米のように個人の自律性が重視される社会の違いに関して，歴史的な背景を大局的に見ておきたいと思います。諸外国の特別支援領域におけるインクルーシブ教育の動向については，後の章で紹介があります。

我が国でも，個別の指導計画を作成して，PDCA（Plan（計画）- Do（実行）- Check（評価）- Action（改善））に基づいて支援・配慮を見直していくことが進められつつあります。しかしながら，作成はされても，必ずしもその活用に至っていない現状があるように思えてなりません。筆者が見聞したイギリスの学校では，作成の対象となっている子どもには，何らかの個別的な指導が組み込まれ，補助教員が授業での反応や学習状態の記録を必ずしていたことが印象的でした。このような前提があってこそ，個別の指導計画が活かされるのだと思われます。日本は，明治以降，諸外国の良い点を上手く導入して国づくりをおこなってきましたが，欧米モデルをそのままの形で国内に持ってくることが必ずしも成功するとは限らず，我が国の実情に馴染むような何らかの変容・工夫が求められるのでしょう。

欧米諸国は，その歴史において，宗教上の対立を常に抱えてきましたが，16世紀にスペインから独立を宣言したオランダは，19世紀以降，プロテスタント，カトリックなどが平等であるが並存した「柱状（分断化された）社会」を形成していました。第二次世界大戦後は，移民の増大に対応する形で，異民族の文化教育が取り入れられ，統合政策が進められましたが，社会集団間の分断は解消されませんでした。オランダは，異なる宗教や民族を受け入れるという「寛容さ」を持つ国と言われますが，お互いに同意，承認するという態度ではなかったようです。オランダは，宗教や人種の多様性（diversity）が「共存」された社会ではありましたが，社会的統合の難しさに直面することになったわけです。

移民国家として知られるアメリカでは，1960年代に公民権運動が盛んになると，マイノリティの権利擁護の動きが活発になっていきました。これにともなって，人種や民族の多様性を認めようとする動きも拡大していきますが，社会全体には必ずしも浸透しませんでした。日本では，皆保険制度が整っていますので，誰でも収入によらず一定の医療を受けることができて，国民は安心な生活を送れます。実は，これがグローバル・スタンダードになっているとも言えないのです。アメリカでは，公的な保険制度の対象にならない人々もいて，医療費が高額にも関わらず，健康保険の未加入率は10％程度にも上ります。このような人々は，社会的に包摂されていません。

こうした社会状況のもとで，新たなコンセプトとして提唱されたのが「インクルージョン（inclusion）」だったのです。インクルージョンでは，人種，民族，性別などの違いや立場の強弱によって社会参加する機会から排除されない，ということが謳われました。同性の婚姻関係が法的に認められるというのも，このような考え方に沿ったものです。オランダでは，2000年に同性婚法が成立しています。

❸ 多様性とインクルージョンの歴史的文脈

インクルージョンを基点として，欧米，日本，そして企業における歴史的変遷についてまとめたモデル図を示します（図1-4・次頁）。欧米では，多様性が共存する状態から「共生」を目指すなかで，インクルージョンというコンセプトが生まれた経緯があるようです。これに対して，我が国は島国で，ほぼ同質の民族から構成されていること，古来より多神教が生活に密着して宗教的な寛容さが大きいことなどが特徴的です。神社に初詣に行き，結婚式はキリスト教で，お葬式はお寺でということが普通にあります。また，同じ人々が移動せずに同じ土地で暮らす農耕型社会を基盤としてきました。このように閉じた一定の空間では，互助的な精神に基づいて，きずなが重視される「共同社会」の色合いが濃くなります。いま現在，こういった姿は消えつつありますが，その精神性は確かに受け継がれているように思えます。このような歴史文化の土台に立つ学校の学級集団は，いつも一緒にいる同じ子ども間の「つながり」「安心」を重視する傾向にあります。他方で，子どもの個人差・多様性という点に注意が払われてこなかった面があるのも事実でしょう。

子どもに内在する多様性を意識することなく，インクルーシブ教育システムの構築を通して，相互に個人の違いが尊重され，多様な在り方を認め合う「共生社会」の形成が目指すところに，目下の日本型インクルーシブ教育の特質を見ることができます。欧米の歴史を概観してわかることは，多様な人々が共生するための社会が目指されたが，社会的な分断を克服できなかったところで，

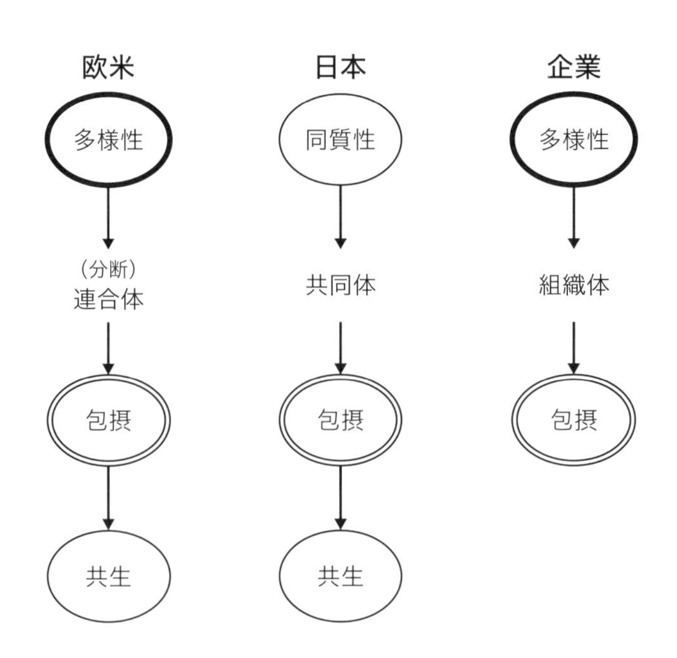

図1-4　インクルージョン（包摂）の歴史的文脈

インクルージョンが志向された（南川，2016），ということです。これと異なり，日本では，相互のつながりを大切にする共同体的な学校教育のもとで，インクルーシブ教育を目指し，共生社会の実現が図られようとしています。

ちなみに，現在，企業では従業員が持つ多様性の活用を目指すインクルージョン（diversity & inclusion）マネジメントが注目されています（中村，2017）。ここでは，性別や宗教などの違いを包摂した上で，各々に働きやすい職場環境を提供することにより，潜在的な資源を発掘して自社の強みとし，他社との競争優位につなげる，という発想が垣間見られます。EU（欧州連合）やアメリカ（the United States of America）は，その内部構成から，異なる国々や地方分権が進んだ諸州の連合体とみなせるのに対して，日本は中央集権的で単一な政治社会構造を有する共同体型社会であることが特徴です。一方，会社は組織化された企業体です。このように，それぞれの内部構造の違いによって，インクルージョンの文脈が異なるのは興味深いことです。

❹ 共同体型社会のつながりと通常の学級

発達障害は，見えにくく理解されにくい障害と，よく言われます。出来ることがある一方で，教科の学習や社会生活でのつまずきも多く見られます。発達障害のある子どもにとってのインクルーシブ教育を考えるにあたって，文化風土の違いを考えていくのは有益と思われます。欧米における歴史で重要な位置を占めてきたキリスト教では，人は唯一絶対の神によって造られたものであって，神とは区別された存在です。一方，日本では，古来から，神，人と自然は「一体」のものとして，受け取られてきました。また，人々はおおむね，様々な宗教や他国の文化を取り入れるという寛容さも持っています。言葉を変えると，一体感はあるけれど，その状態は「混然一体」なのかもしれませんし，強いリーダーシップを求めていない気もします。また，海外の「いいとこ取り」に長けているという，この進取的な傾向も形に留まって，その内容については気にしていないようです（司馬・キーン，1984）。明治時代に「和魂洋才（日本の古来からの精神を大切にしつつ，西洋の知識などを取り入れて，発展していく）」という言葉が作られましたが，欧米の精神性や文脈には無関心だったかもしれません。

前項で述べましたように，インクルージョンというコンセプトは，違っていて大変だという事態から生まれています。これとは違って，我が国の通常の学級においては，伝統的に，みんなが一緒に，一丸となって同じ目標へ向かう活動をしていくことが大切と考えられてきました。クラスは，掃除や給食当番を一緒にする共同体であり，教師は協調的な集団行動が上手くできるように学級集団の育成を考えています（河村，2010）。この点で，欧米の多様性にあふれた状態像とは異なり，我が国の学校では子ども間のつながり・きずなを育む方向性が重視されています。日本における，これまでのインクルーシブ教育のイメージは，さらに，子ども間のつながりを強化して，包み込むようなものかもしれません。一方で，同調圧力も生じやすい学級では，同じように振る舞うことが暗黙に求められ，集団行動への帰属が過度に重視されかねないことが危惧されます。欧米型のインクルーシブを志向するのであれば，活動への参加の「違い」を尊重することも大切です（図1-5）。共同作業（△）では，実際のところ，中心となって直接参画する子ども（○）もいれば，周辺で応援する子どももいます。また，材料を作る，組み立てる，支えるなど違った役割（○の濃さの違い）をそれぞれに果たすこともあるでしょう。子ども目線で見るならば，対象に興

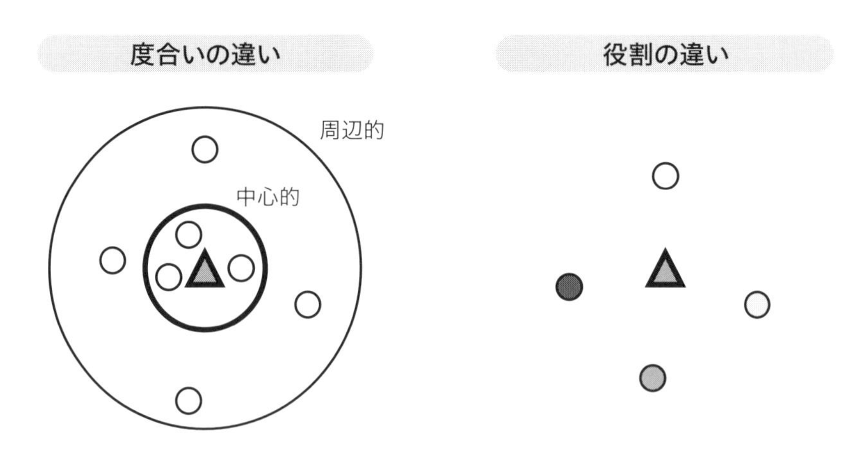

図1-5　共同作業におけるの参加の多様性

味があれば中心になって関わるでしょうし，周辺でそれぞれの持ち味を出してもらうのも，嬉しいことです。

❺ 見えにくい発達障害の多様性

発達障害の場合，彼らの持つ学びにくさや，学び方のユニークさは潜在的で見えにくいものです（図1-6）。人種や性別といった生物学的な多様性は，比較的顕在的ですが，彼らの多様性は，氷山の水面下にあるようなものです。学び方の得意・不得意を指導の工夫に活かす心理学の知見として，知能の多重性があげられます。知的機能を言語性vs非言語性（WISC-Ⅲ）に大きく区別するという従来の見方に対して，ガードナー（2001）が提唱した「多重知能理論」では「対人的知能」「論理・数学的知能」など８つの知能が想定されています。（第５章を参照）多面的な知能観に立脚すると，子どもはそれれぞれに，知能に得意・不得意を持つ存在として認識されやすいのです。また，学習の対象である教材についても，その多層性を知ることができれば，教授法の工夫として活用できます。例えば，漢字の書字を学習する場合に，書いて覚えるのは「視覚・空間的知能」の活用，漢字の持つ意味から覚えるのは「言語・語学知能」，空書

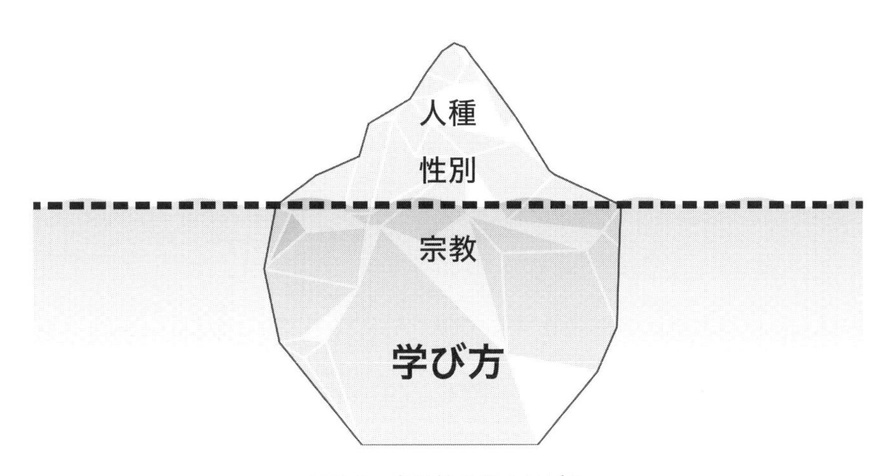

図1-6　多様性の氷山モデル

で体性感覚を使って覚えるのは「身体・運動感覚知能」の活用となります。

情報の処理プロセスに注目した時には，入力段階である注意の働き方がAD/HDの子どもとASDのある子どもとでは，まるで対照的です。しかし，通常の学級での授業においては，ともにつまずきの原因となってしまいます。AD/HDでは，注意のコントロールに課題が大きいので余分な刺激を除くこと，注意の持続がしにくいことへは，学習時間を短く区切るなどの配慮となります。一方，ASDでは注意が細かい部分に固着しがちであること，教師の視線を共有しにくいことがあげられます。しかし，このような人たちの特徴が，ハリウッドのVFX（視覚効果）工房では，人手に頼らざるを得ない映像の細かな修正作業で，類まれな注意力を発揮できることで，特技として評価もされるのです。また，ASDは「博物学的知能」には長けていますが「対人的知能」に苦手さを持っている子どもと捉えることもできるでしょう。出力段階では，表現における多様性が認められることが大切です。「言語・語学知能」に弱さがあり，自分の考えを上手くまとめて話す，書くことが難しい子どもであっても「視覚・空間的知能」が強みであれば，マインド・マップの使用やイラストによって表現することが上手かもしれません。表現の道具としてのPowerPointやICT機器の使用は，大きな助けになるでしょう。

❻ 授業のユニバーサル・デザインとインクルーシブ・デザイン

これまで，我が国で伝統的に重視されてきた教科ごとの授業研究に代わって，注目を集めているのが，授業のユニバーサル・デザイン（Universal Design，以下UD）化です。UDの考え方は，建築設計の分野が発祥ですが，自動車から生活に身近な製品に至るまで広がりを見せています。ここでは，多様なニーズに応えるために，普遍的なデザインが追及されています。ノンステップバスは，車椅子を使う人にも，高齢者にも優しい設計です。授業UDでは，できるだけ多くの子どもにとって，わかりやすい授業方法が工夫されます。小貫・桂（2014）が提唱する授業UDは，教科内容の焦点化から始まることから，教科の本質的理解が強調されていますが，特別支援教育との連続性も追及されているのです。多様な学び方に対応する工夫という点では，言語だけでなく，視覚・

空間的に示す，唱えて覚える聴覚的活用など多感覚的なアプローチが入ります。このような多様な学び方へのマルチ・アプローチは，実はインクルーシブ的な発想とも言えます。この一方で，クラス全体の子どもにとって最大公約数的に教授法を工夫していくことは，多様な学び方への関心を薄めてしまうかもしれません。現段階での現実的な解決策としては，基礎的環境整備としての授業UDと，個別ニーズへの「合理的配慮」の組み合わせとなります。

インクルーシブ・デザイン（Inclusive Design，以下ID）の立場は，個別のニーズそれぞれを取り入れた製品デザインを志向するものです。例えば，ソファをデザインするにあたって，高齢者のために座りやすいように肘掛を作りますが，ベビーカーを使っている人にも使いやすいように，肘掛が邪魔にならないよう工夫を組み合わせて，一つの製品にします。それでは，ID化された授業とは，どんなイメージになるでしょうか。誰もが着やすくデザインされた既製服というよりは，個々人の嗜好合わせ，その人の体型にもフィットした服をカスタムメイドすること，ではないかと思います。通常の学級においては，現実的な問題として，個々の教育ニーズをどう見極めるかのハードルは低くありませんし，個別のニーズとクラス全体との調和をいかに図るかも難しくて，個別配慮が特別扱いとみなされることも少なくありません。UD授業を考えて実行する主体は教師ですが，担任教師の限られたリソースのなかで，様々な子どものニーズごとに対応し，ID授業を実行していくことは容易ではありません。

そこで，子どもが主体的に，自律的に学ぶことを前提とする，という発想への転換が求められるのではないでしょうか。そうすると，教師は教えるという役割から，子どもの学ぶ場と流れをデザインするという役割に変わります。学び方の多様性をお互いに尊重していくことが，インクルーシブ教育の本質ならば，通常の学級における授業の在り方そのものが問い直されていると言ってよいでしょう。インクルーシブされる場では，お互いに違いを認め合うことで，理解が進むわけですが，それで異質な者どうしが同じになっていく（同化する）のではなくて，「新しい関係が築かれる」ことに意味があるのだと思います。

授業デザインで踏まえておきたいのは，授業がUDからIDへ完全に取って代わるというのではなくて，ID化された授業にもユニバーサル（普遍）的要素が当然ながら包摂される，ということです。子どもが主体的に学べる場の設定がされるとしたら，そのデザインのユニバーサル化，つまり，どのような学校でも共通して大切な学びの場の構造とは何か，を追及していくのもUDです。

❼ 学習者主体の学びの場づくり

新学習指導要領が教授方法に踏み込んで，アクティブ・ラーニングを強調しているように，子どもが意欲を持って学びに向かっていくためには，主体性・能動性が欠かせません。AD/HDのある子どもは，学習への動機づけが内的に得られにくく，しかも，損なわれやすいため，学校生活を順調に送るためには，その維持が重要となります。加えて，成功体験が少なく，達成感を得られにくいこともあって，二次的な問題として，学習意欲が低下していくことも少なくありません。ただ，我が国における技を学ぶという伝統的な学習観においては，まずは，まねて型を習得し，内面を磨くべしということが強調されていて，その主体性への言及は大きくありませんでした（世阿弥，2005）。これに比して，長きにわたって，欧米の人々の精神的な拠り所となってきたキリスト教においては，個人の独立，自由，責任が説かれてきたのです。

自律的な学習者を育成するとともに，インクルーシブ教育の環境づくりを目指しているのが，認知科学，神経科学の研究成果を取り入れ，アメリカで発展した「学びのユニバーサル・デザイン（Universal Design for Learning，以下UDL）」です（ホール・マイヤー・ローズ，2018）。UDLは，多様な学び方があるという前提で，学習環境のデザインを段階的に考えていきます。UDLの授業では，基本的に，子ども自身が主体的に学習を進められるように「オプション」を選択する機会が提供されます。このオプションは，読字に困難があれば，ルビ打ち，読み上げソフトの利用など代替手段となるもので，次の段階の学び（この場合は，文章内容の理解）へ進むためのものとなります。そのゴールは，学びの目的をしっかりと持ち，学習する意欲を自ら高めること，様々な形で学習のための情報を得て理解と活用につなげること，自分に適した学習方略を使用して自己の学びの調整ができる学習者となること，とされます。つまり，子ども自らが「学び方」を学ぶ，ことが目指されるのです。

UDLのようなコンセプトに基づく授業デザインにおいて，教師へ求められるのは，知識を教え授けるという立場につくことではなく，学びの主体である子どもが本物の（真正な，Authentic）学びへ向かえるように，必要な手助けを行うことです。このために，授業にあたって，魅力的な問い（学習目標）をいかに，子どもへ提示するかも鍵となります。例えば，平行四辺形の面積に関する課題で，底辺×高さの公式を使うことは，「知識・スキル」の学びです。もし，地図にある土地の形が長方形でなく，平行四辺形だったら，どのようにしたら面積を求めることができますか？という課題設定をしたら，子どもに「思考」するという能動的な学びが引き起こせます。UDL的には「思考」するためのオプション（例えば，平行四辺形の内部を分割して組み合わせることができるような実物教材）を提供すれば良いわけです。ここで注意しておきたいことは，UDLは具体的な指導・支援方法を供給する立場にはなく，授業環境の枠組み（フレームワーク）を提供する，ということです。

❽ 学習者中心の学校づくり

UDLは，インクルーシブ教育へ向けて，すべての子どもが現在の標準的なカリキュラムへアクセスしやすくなるような授業デザインを志向しています。ここから，さらに一歩進めて「学習者中心」授業のあり方を通して，インクルーシブな授業デザインの可能性について考えを深めてみたいと思います。先にIDとは，多様な人々のニーズを捉え，それぞれに最適化したデザインを創ること，と説明しました。このことは，また，子どもごとに「教育を個別・最適化」するという命題にもつながっています。特別支援学級では，ニーズのある子どもは，それぞれに最適化されたカリキュラムの提供を受ける機会があります。発達障害のある子どもについても，個別的な指導を実施している「通級による指導」の対象となっていれば，ニーズを考慮しての特別の教育課程を編成することも可能です。

教育リソースの限られる通常の学級という学びの場においても，学習者中心というコンセプトに立って，子ども自らがカリキュラムを選択していく学びの場をデザインすることで，インクルーシブ教育への方向性が見えることを述べてみましょう。このような方針を持つ学校は，諸外国で少なからず見られます。

その一つは，オランダにおけるオルタナティブ・スクール（哲学的思想を基盤とした学校，広くは主流の慣例的教育に対して代替的な教育をする学校）として代表的な存在の「イエナプラン・スクール」です。オランダの教育制度の特徴，イエナプラン教育の理念と実践については，後の第９章で詳しく述べられます。同スクールは，障害のあるなしに関わらず，子ども皆が違った存在であることを前提に教育活動を展開しています。「仕事」と呼ばれる学習活動では科目ごとの時間割がなく，教師と相談しながら自分のペースに合った時間割を１週間分作ります。イエナプラン教育においては，子ども自身が自律的に学びに関する決定ができ，その結果に責任を持つことも含まれています。また，授業UDやUDLではあまり触れられない，子ども間の「つながり」を育む活動も同時に重視されていて，小さな社会のなかで「本物」を共同して学んでいる子どもの姿があります。

❾ 学校の多様性を創る学校選択制とコミュニティ・スクール

諸外国を見ると，義務教育の学校にもそれぞれに特色があり，多様性に富んでいることがよくわかります。オランダは，憲法に３つの「教育の自由」が明記され，その一つが学校設立の自由となっていて，これに基づいて開校された私立学校は，公立校と同じ基準で公費の助成を受けることができます。私立学校の多くは，プロテスタントやカトリックなどの宗教系の学校であるほか，イエナプラン教育などのオルタナティブ・スクールが１割ほどを占めています。

アメリカは，50の州からなる連邦国家で，学校教育制度も州によって違いもあり，学校区ごとの裁量権も広く認められています。また，様々な教育ニーズに対応した独自のカリキュラムを持ち，公費で運営されるチャーター・スクールも数多く設立されています。これらには，AD/HDやASDのニーズに特化した教育をおこなっている学校も見られます。ただ，学校によっては，その教育の質をいかに担保するか，という課題を抱えているようです。このように特色ある学校が多数存在することで，保護者や子どもは学校を選択できる機会を幅広く得ているわけです。

近年，文部科学省（1997）によって通学区域制度の弾力的運用が通知されたことで，公立学校選択制が一部の地域で取り入れられるようになりました。しかし，学校ごとの特色の違いが少ないこと，その情報が的確には保護者に伝わりにくいこと，学校間格差を心配する声もあったことなどで，広くは普及していません。選択制の学校を希望する保護者の減少から，制度の見直しを検討した地域もあります。

一方で，学校経営に自律性を持たせ，特色のある学校づくりをすることで，教育改革を目指す「コミュニティ・スクール」が構想され（金子・渋谷・鈴木，2000），2004年に学校運営協議会制度として実現しました。当初は，イギリスの学校理事会やアメリカのチャーター・スクールの仕組みが考慮されましたが，実際には，日本の現状に合わせた公立学校の改革案になっていきました（広瀬，2012）。現在，我が国のコミュニティ・スクールには，地域の代表者も参画する学校運営協議会が設置され，開かれた学校づくりが進められつつありますが，その主眼は「地域とともにある学校」へと変容しつつあります。また，教育課程に独自の工夫や校長の公募につながったという成果が見られる一方で，学校運営への地域住民の意識が十分に成熟しておらず，地域応援団の立ち位置になっている，との指摘もあるようです。

オランダやアメリカは，異なる学校教育制度を持ちながらも，公的に運営経費が賄われる学校が多様な形で存在しています。障害のある子どもが，そうでない子どもと，クラスという同じ場で学ぶ「単線型インクルージョン」を取り入れている国もありますが，クラスで一緒に学ぶことを第一の選択肢としながらも，アメリカのように特別支援学校へ入学することも可能な国もあります。多様な子どものニーズに応える学校の多様性は，インクルーシブ教育の本質と相容れないものではなく，インクルーシブ教育を支える仕組みとなっていることがわかります。我が国においても，通常の学級，通級による指導，特別支援学級と特別支援学校という学びの場を連続的に捉えて，これらの円滑で段階的な（カスケード）接続システムが目指されつつあります。

⑩ 学校づくりと日本の文脈

欧米諸国では，それぞれに固有な歴史変遷を背景として，特色を有する学校が数多く創られてきました。これに対し，日本で，とくに公的な経費で運営される学校では，欧米のように多様性があるとは言いにくい現状があります。明治政府が，欧米諸国に倣って，近代的な学校教育制度を作り上げて来た経緯はよく知られています。この時代には，欧米列強へ対抗すべく，富国強兵の国策のもと殖産興業（産業の発展振興）が進められました。こうした時代環境のもとで，江戸時代の寺子屋で見られた個人的な教授，教え合いから，学校における効率的な一斉教授・学習法へと変わっていきました（梶井，2016）。また，国民の精神的な統合を図るために，徳を重んじる儒教の教えも込められた行動規範である「教育二関スル勅語」が発布され，第二次世界大戦の終了まで，学校現場に強く浸透していきました。

ご存じのように，戦後には日本国憲法が公布され，教育基本法も制定されて，教育の民主主義的な改革がなされます。しかし，東アジアに位置し，我が国独自の文化・風土で長年にわたって醸成され，明治以降の近代型教育で培われてきた人々の教育観や，教師が持つ授業観は，欧米のそれとはだいぶ異なっているようです。我々日本人は，学校経営の独自性によって生み出される「学力」の違いを許容できるのでしょうか。また，達成基準でなく学習内容を重視してきたカリキュラムが，公的機関による監査・評価制度に馴染むかどうか，も考えるべき点でしょう。地域内で，定期的に教員の人事異動があるシステムも，多くの学校を経験できることで，教師自身のキャリア形成に貢献するかもしれませんが，学校の独自性を産み出しにくい素地にもなります。

筆者が，イギリスのThe Park School校長のPaul Walsh氏から聞いたことで印象深かったのは，教師は，医師や弁護士と同じ「専門職（Profession）」なのだ，ということでした。専門職は，その分野に専門的な知識やスキルがあり，それが共有されている仕事と定義されます。筆者が，その際に思ったのは，日本の社会における教師への捉え方は，専門職というよりも，聖なる職業であり，子どもの人格を幅広く（総合的に）教え育てる職人（Vocation）なのでは，と捉えたことでした。もしかすると，五常（仁義礼智信）を重んじる儒教的な精神性が，今日においても，深く風土として根づいているのかもしれません。また，実際のところ，教師個人の経験と勘を頼りに，授業づくりができるところに魅力を感じている教師も多いのではないでしょうか。

イギリスでは，学校経営の独立性が高く，校長を中心としたリーダーシップチームが，学校の組織運営を図るようなシステムが作られています。では，日本の文脈で，インクルーシブ志向の学校づくりのために，どのようなスクール・リーダーシップが望まれるのでしょうか。また，今日の状況でも，実現可能でしょうか。

⓫ スクール・リーダーシップと生徒像

インクルーシブ教育へ向けた学校づくりの一つの答えは，独自の学校づくりで全国的に注目を集めた２人の「やり手」校長の姿勢に見つけることができるかもしれません。一人は，民間人初の中学校女性校長であった平川理恵氏，もう一人は東京の元麹町中学校校長の工藤勇一氏による学校経営の実践です（平川，2018：多田，2019)。両名が共通して，重きを置いていたのは，生徒の自主・自律と，これに伴う責任を果たす生徒を育てることでした。

こうした育成すべき生徒像にある資質・能力は，新学習指導要領でも目指されているところですが，キー・コンピテンシーの発展形であり，国連のSDGsを達成するための指針でもある「学びの羅針盤（OECD Learning Compass 2030)」にも沿ったものです（OECD，2018)。この指針で示されている３つの変革を起こすコンピテンシーのうち，一つが「対立やジレンマに対処する」です。これは，他者のニーズや興味を理解することをふまえつつ，対立するような事態を，どちらを取るかという単純な問題として捉えるのではなく，これらの関係性を考慮して対応できる力を求めています。平川・工藤両氏には，学校づくりへ向けた強い信念と確信があったことは疑いありませんが，どのような学校にするのかという明快なビジョンを持っていたことは，何よりの強みであったでしょう。さらに，そのビジョンを校内に浸透させるための行動力を兼ね備えていました。

平川氏は，特別支援教育を中心に据えた学校づくりを進め，不登校の生徒も対象に含めた「特別支援教室」を学校独自で設置して，校内人員のやりくりで専任担当者２名を充当しました。このような学校体制づくりは，その人だからできる，というところもありますが，我々が学ぶべきところは，その発想の柔軟さではないでしょうか。工藤氏が取り組んでいるように，学校の「当たり前」を疑い，生徒第一に学校のあり方を創っていけるかどうか，このような姿勢が，これまでの日本のインクルーシブ的な学校づくりに無かったように思えます。インクルーシブ教育の理念は，従来の学校教育のあり方そのものを問うているからです。

⑫ 課題の発見・解決とデザイン思考，アート思考

学校の課題を考えるための右脳的で，柔軟な発想のための方法論として，最近，注目を集めているのが「デザイン思考」です（佐宗，2015）。学校経営については，どちらかというと，これまでは，事例メソッドに基づいて，論理的な（システム）思考をして課題解決していくことが重視されてきました。これに対して，デザイン思考では，個々人の発想を基点として，ユーザーの体験に入り込んで，彼らの目線に立って，ありのままにその全体性を掴むことが重視されます。ユーザー目線でという立場は，子どもの教育ニーズから考える特別支援教育との親和性があります。そもそも何のために（学校に，なぜ，こんな校則があるのか。授業中は，ずっと座っているべきなのか）という原点から，問いを立ててみるのが，デザイン思考の強みでもあります。このように，課題解決というよりも，課題の発見に重きが置かれます（図1-7）。

そして，デザイン思考のプロセスでは，とりあえずのモノを作ってみて（とりあえず，やってみて），それでどうなったのかを結果を見える形にして，関係者間で共有できるようにして，一緒に振り返りをします。このプロセスは，大量生産で作られる製品の品質改善を志向するPDCAに対して，AAR（Anticipation（予想）- Action（実行）- Reflection（振り返り））サイクルと呼ばれます。課題の見える化によって，メンバー間に対話が生まれやすく，共同しての新たな価値の創造（あるいは，意味の発見），つまり「創発」が起こりやすくなります。渡辺（2018）は，デザイン思考によって，型どおりの運動会を，子どもも保護者もワクワクするような運動会に作り替えていくプロセスを紹介しています。また，コミュニティ・スクールの運営にあたっても，関係者が学校づくりのビジョンを共有して実施していくための場づくりに活用されていま

す（気仙沼市教育委員会，2016）。欧米の国々と比較して，学校の多様性を生み出すための制度や環境が不十分だとしても，専門家としての教師像が意識されていない状況にあっても，デザイン思考は，特色ある学校づくりのための有益なアプローチを提供してくれると思います。

デザイン思考よりも，さらに右翼にあるのが，最近，注目されるようになった「アート思考」です。ここには，アート作品をどう見るのかという視点や，地域社会での課題解決といったことも含まれます。アートにおける表現をコミュニケーションとして捉えると，そのユニークさに，その人らしさの価値を見つけることができると思います。でも，これは意外と難しいことです。ピカソの絵が素晴らしいと言われていても，「なんで，良いんだろう」と素朴な疑問を持つ人は少なくないはずです。その難しさには，表現の「異質性（違うこと）」があるから，とも考えられるでしょう。アート思考では，わかりにくさがあるという前提で「違う」ということを，どのように思考して，理解するかを取り扱います。また，アート思考は，課題を発見して，解決するプロセスを作るというよりも，自らの持つ独自性という価値を最大限に活かして，イノベーショ

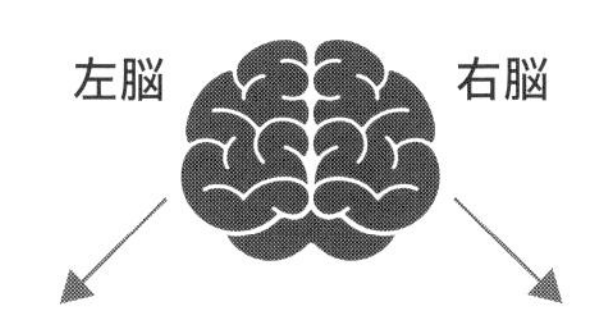

システム思考		デザイン思考	アート思考
論理・分析	◀ 思考様式 ▶	空間・全体	感性・直感
言語・数学	◀ 表現方法 ▶	設計・モノ	身体・感覚
形式知	◀ 知識構造 ▶	集合知	個体知
解決	◀ 課題志向 ▶	発見	創造

図1-7　システム思考，デザイン思考，アート思考の比較

ンを起こしていくことでもあります（若宮，2019）。

⑬ 子どもの学びとインクルーシブ教育，再び

本章では，これまでに，欧米にあるような個の違いや主体性を重視するという文化と，日本において伝統的に重視されてきた共同体のきずなを育むという風土を，対照的なものとして述べてきました。我が国のインクルーシブ教育のあり方を論じる際には，この二項が対立するのではなく，どう折り合いをつけるかになるでしょう。我々にとって，このように暗黙のうちに受け入れてきたものを意識化し，言語化を図るとともに，共有可能な形にしていくことが要と思われます。このような姿勢で，我が国におけるインクルーシブ教育のあるべき姿を今後も探っていくことになるでしょう。最後に，まとめに代えて，学校と社会での学びのプロセス，インクルーシブと学びの場の関連について，整理しておきます。

OECDが提示しているコンピテンシーのコンセプトを念頭に，子どもが主体的で対話的で深い学びをしていくプロセスをまとめると，学校や社会で学びを活かしていくための経験をどうデザインしていくのか，に至ります（図1-8）。昔と比べて今日では，「学びの主体」である子どもが，自ら様々な知識を得ることは，インターネット環境のおかげもあり，格段に容易な状況となっています。これは，また，「学びのコミュニティ」としての通常の学級における授業のねらい，在り方を問い直しています。知識を活用して深い学びとするための思考力・判断力や，他者と対話するための表現力を育てることが，より重要となりつつあるのです。

さらに，教室という学びのコミュニティでは，他者，それも異質な（違った）他者との関わりで生まれる気づきや発見があります。個々人の間で上手く対話ができれば，集団知としての，新たな知識「創発」が生まれやすくなります。創発とは，まったく新しいアイデアを生み出すことではなく，既存の知識が結合・反応して，新たな価値が創造されることです。さらに，対話や非認知的な関わりが上手くいけば，他の子どもについて深く理解することにもつながっていくでしょう。図の右上の囲みでは，丸の色の濃さが子ども間の異質性を，矢

印は対話の生起を表しており，線が太いほど創発が起こりやすくなっています。ここでは，異質な他者が学びの場に存在していることが必要条件で，異質な者どうしでの対話が成立するほど，創発度は高くなると言われます。このような様々な子どもが包摂された場がもたらす，学びの効果を大切にしていきたいと思います。

さらに，学校や社会でリアルなものに触れ，自らの知識を活用する体験は，真正な学びへとつながっていくはずです。これは，経験を通した学びですが，AARサイクルを通して，実際にやってみて，振り返るというプロセスが上手くいけば，コンピテンシーを磨くことになるでしょう。見通しを持ちにくく，経験からの学びが苦手な子どもを考えた場のデザインも要るかもしれません。このような学び全体を，どうカリキュラムに位置づけるかは，学校経営のあり方と密接に関わってきます。

個（通級による指導）から，教室（通常の学級），学校，さらに地域へと，学

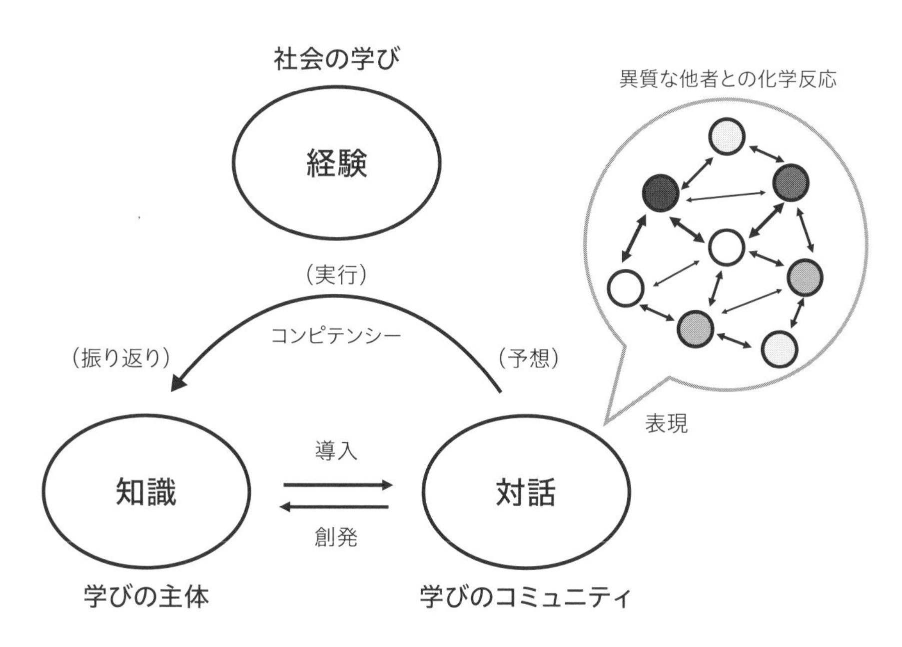

図1-8　学びの場のプロセスモデル

びの場が広がったとしても，それぞれの場において，プロセスモデルで示したような学びが得られるかもしれません（図1-9）。これまでの一斉授業方式でなく，教室のなかに，自分でタブレット端末を使って調べものをするコーナー，みんなで学び合いをするスペース，先生と実際に試してみるテーブルを設定すれば良いでしょう。同じように，学校内でも，教室で先生の授業を受けて，パソコン教室へ行って，理科室で実験してみるのも面白いかもしれません。本章で述べてきたように，多様な学び方が相互に尊重されるという，インクルーシブ教育の本質を鑑みるのであれば，学びの場が地域へ広がったとしても，その場の状況に合わせて，学びのプロセスが埋め込まれて（レイヴ・ウェンガー，1993），包摂されていれば，場の違いはそれほど問題とならないはずです。日本においても，学びの場の多様性が生まれ，柔軟に場の間を移動できる方向で，インクルーシブ教育のシステム構築が進行しつつあります。

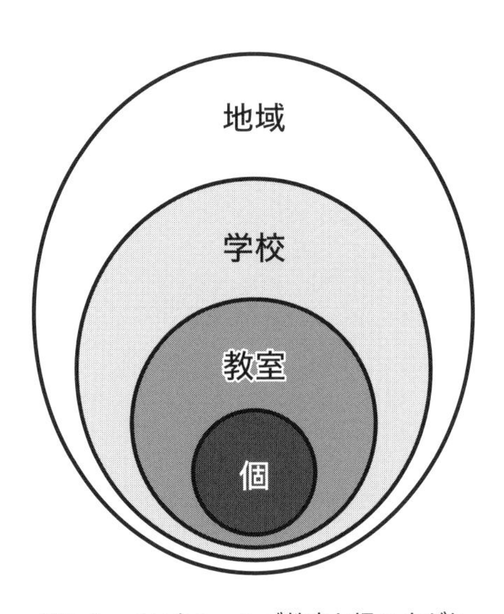

図1-9　インクルーシブ教育と場の広がり

文献

ガードナー，H.（著），松村暢隆（訳）.（2001）. MI: 個性を活かす多重知能の理論. 新曜社.

平川理恵.（2018）. クリエイティブな校長になろう：新学習指導要領を実現する校長のマネジメント. 教育開発研究所.

広瀬隆雄.（2012）. コミュニティ・スクールの現状と課題について －学校運営協議会の役割を中心に－. 桜美林論考 心理・教育学研究，3，17-35.

ホール，T.・マイヤー，A.・ローズ・D.（2018）. UDL 学びのユニバーサルデザイン. バーンズ亀山静子（訳）. 東洋館出版社.

梶井一暁.（2016）. 近世・近代移行期における国民教育の確立と教育観の変化 －人的資本形成の前提としての近代学校－. 岡山大学大学院教育学研究科研究集録，163，9-16.

金子郁容・渋谷恭子・鈴木寛.（2000）. コミュニティ・スクール構想 学校を変革するために. 岩波書店.

河村茂雄.（2010）. 日本の学級集団と学級経営 集団の教育力を生かす学校システムの原理と展望. 図書文化.

気仙沼市教育委員会.（2016），統合による新しい学校づくり コミュニティ・スクール ～心を合わせて地域の子供を育む～. https://www.kesennuma.miyagi.jp/ edu/s160/ 010/ 028/ 5_281221teireikai_siryou2.pdf.（2020年3月31日閲覧）

国立政策研究所.（2019）. OECD 生徒の学習到達度調査2018年調査（PISA2018）のポイント. https://www.nier.go.jp/kokusai/pisa/pdf/2018/01_point.pdf.（2020年3月31日閲覧）

小貫悟・桂聖.（2014）. 授業のユニバーサルデザイン入門：どの子も楽しく「わかる・できる」授業のつくり方. 東洋館出版社.

レイヴ, J.・ウェンガー, E.（1993）. 状況に埋め込まれた学習：正統的周辺参加. 佐伯胖（訳）. 産業図書.

松尾智明.（2017）. 21世紀に求められるコンピテンシーと国内外の教育課程改革. 国立教育政策研究所紀要，146，9-22.

南川文里.（2016）. アメリカ多文化社会論「多からなる一」の系譜と現在. 法律文化社.

文部科学省.（1997）. 通学区域の弾力的運用について（通知）. https://www.mext.go.jp/a_menu/shotou/gakko-sentaku/06041014/008/003.htm.（2020年3月31日閲覧）

文部科学省.（2017）. 平成29・30年改訂 学習指導要領，解説等. https://www.mext.go.jp/a_menu/shotou/new-cs/1384661.htm.（2020年3月31日閲覧）

中村豊.（2017）. ダイバーシティ&インクルージョンの基本概念・歴史的変遷および意義. 高千穂論叢，52，53-82.

OECD.（2005）The definition and Selection of Key Competencies - Executive Summary. https://www.deseco.ch/bfs/deseco/en/index/02.parsys.43469.downloadList.2296.DownloadFile.tmp/2005.dskcexecutivesummary.en.pdf.（2020年3月31日閲覧）

OECD. (2018). OECD Future of Education and Skills 2030. https://www.oecd.org/education/2030-project/teaching-and-learning/learning/learning-compass-2030/.（2020年3月31日閲覧）

佐宗邦威．(2015)．21世紀のビジネスにデザイン思考が必要な理由．インプレス．

司馬遼太郎・キーン，D．(1984)．日本人と日本文化．中公文庫．

多田慎介．(2019)．「目的志向」で学びが変わる：千代田区立麹町中学校長・工藤勇一の挑戦．ウェッジ．

若宮和男．(2019)．ハウ・トゥ アート・シンキング 閉塞感を打ち破る自分起点の思考法．実業之日本社．

渡辺健介．(2018)．世界一やさしい右脳型問題解決の授業．ダイヤモンド社．

世阿弥(著)．水野聡(訳)．(2005)．現代語訳 風姿花伝．PHP研究所．

第2章

学びの多様性をふまえたインクルーシブ教育

神戸大学大学院
鳥居深雪

❶「学びの多様性」とは

「学びの多様性」という言葉に，みなさんはどんなイメージをお持ちでしょうか。発達障害のある子どもへの特別支援や合理的配慮？　ユニバーサルデザインの教育？　それらは，確かに「多様性」の一部ではありますが，すべてではありません。「学びの多様性」とは，学びに関する多様なニーズ，多様な場，多様な内容，多様な方法を包括的にとらえた幅広いものです。

(1) 多様なニーズのある子ども

「多様な子ども」とは，必ずしも特別支援の対象ではありません。人種・民族，宗教，家庭環境（家族，経済力，文化的背景等），性（LGBT）などは，もともと多様なものですね。本来多様であるはずの個人の属性は，特別な支援ではなく当たり前のこととして認められるべきものです。

Neurodiversityは，認知科学の領域で登場した概念ですが，「神経学的多様性」あるいは「脳の多様性」を意味しています。ヒトの肌の色や髪の色が多様なように，脳のあり方も多様で，その一つの表れとして発達障害の特性がある，とするものです。自閉症をはじめとして発達障害については，スペクトラムとして連続的なもの，という考え方が主流になっています。知的機能や発達特性などの発達多様性は，環境因子との相互作用によって，適応状態が良好であれば「個性」の範囲となり，不適応の状態にあれば，特別な支援が必要な「障害」となります。特性はあるけれども「障害」という状態ではないひとは少なくありません。ですから私は，「発達障害」というよりも「発達多様性」という方がふさわしいように思います（図2-1）。

「多様なニーズ」には，発達多様性をはじめ，境界域知能，様々な障害，貧困・児童虐待などの福祉的問題，外国籍（日本語を母国語としない），不登校などの不適応，被災や被害等の後の心理的援助，医療的ケアなどがあります。「何かしらの困難があり支援が必要」なのが，「ニーズのある状態」ですから，障害に限定されたものではないのです。

境界域知能の問題は，最近注目されるようになりました。障害ではないために，これまで特別支援教育や福祉制度の対象とされず，谷間にいた子どもたちです。しかし，通常の授業を理解することが困難で，家庭環境の不良が重なると，非行事例となり，家庭裁判所や少年院など矯正教育の対象となることが少なくありません。あるいは，不登校や中途退学といった形で通常の教育をドロップアウトすることも多々あります。「ケーキの切れない非行少年」（宮口，

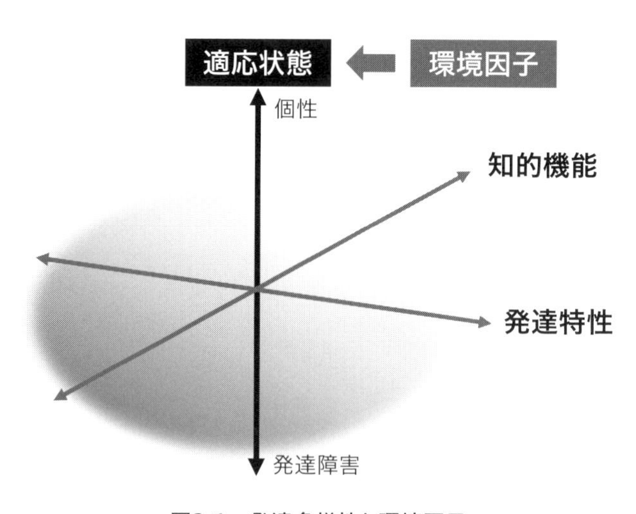

図2-1　発達多様性と環境因子

2019）でなくても，掛け算ができない高校生は少なからず存在します。境界域知能の児童生徒にも，特別なニーズがあることを忘れてはなりません。また，現代の「相対的貧困」や，児童虐待といった福祉的問題も特別なニーズです。少子化に伴い，海外からの労働力の受け入れが今まで以上に増加します。それにともない，日本語を母国語としない子どもたちへの特別支援も重要になっていきます。16万人を超えた（文部科学省，2019）不登校児童生徒にも，特別なニーズがあります。地震や水害などの自然災害は毎年のように発生し，日本の多数の地域が「被災地」となっています。被災後の心のケアをどう行うかは，多くの学校での課題となっています。多様なニーズとは，障害限定ではないのです。

また，発達段階によってもニーズは変化します。乳幼児期には愛着の形成が最も重要な発達課題です。その後，成長に応じて，学習や，自己理解と進路選択，社会への移行，と課題は移っていきます。

さらに，置かれている環境によってもニーズは変化します。「障害」のとらえ方は，治療の対象とする「医学モデル」から，社会参加を阻む障壁が「障害」であるとする「社会モデル」，個人の心身の機能の限界と背景にある環境因子と個人因子との相互作用であるとする「包括モデル」へと変化してきました。包括モデルである国際生活機能分類（International Classification of Functioning, Disability and Health: ICF）では，背景因子として人的環境，物的環境，社会制度などを挙げています（World Health Organization, 2001）。スロープやエレベーターが設置された環境で電動車いす等を使用すれば，肢体不自由があっても自由に移動することができます。同様に，読み書きの困難があってもICTを活用できる環境であれば，困難は軽減できるでしょう。ADHDがある場合，刺激の少ない環境かどうかで状態像は変わります。障害者差別解消法では，このような視点から社会環境の中にある障壁を下げるために「合理的配慮」の提供を求めています。

このように，子ども自身の成長や環境によって困難の状態は変化します。子どもが困らないように，前もって，すべての条件を整えておくことでは，真に子どもの自立を支える力とはなりません。成長や環境の変化にも対応する「生きる力」として，自らが「援助を求める力」を育てていくことが必要でしょう。

(2)「多様な学びの場」――ユニバーサルデザインの教育と特別支援

「多様な学びの場」とは，幼児期から学校教育修了まで，通常の教育を基本として，通級による指導，特別支援学級，特別支援学校など，子どものニーズに応じた選択ができるようにすることです。

通常の教育については，多様な子どもを前提とした授業の工夫が，改定された学習指導要領に明記されました（文部科学省，2018)。さらに，近年「ユニバーサルデザインの教育（授業)」が注目されるようになりました。ユニバーサルデザインとは，本来は「可能な限り最大限に，すべての人が利用できる特別ではない製品と環境のデザイン」を意味します。その考え方を教育に発展させたのが，「ユニバーサルデザインの教育（授業)」です。多様性を前提とし，「可能な限り最大限に」すべての子どもにとってわかりやすい教育を提供しようとするものです。RTIの三階層モデルでは第一層に当たります。しかし，多様なニーズのある子どもたちにとっては，良質なユニバーサルデザインの授業を行っても，十分ではないことが往々にしてあります。良質な授業を行っても，効果が十分でない場合には，三階層モデルの第二層として「個への配慮」(「合理的配慮」や通級による指導）を行います（現在，通級による指導は義務教育だけでなく高等学校まで実施されています)。それでも効果が十分でない場合，第三層として特別支援学級や特別支援学校などの特別な場での指導が必要になります。

子どものニーズによっては，例えば服薬などの医療，心理アセスメントや心理療法などの心理，療育手帳や精神障害手帳の取得や種々の福祉制度，児童デイサービスや放課後等デイサービスなど福祉サービスの利用など，非行事案などが派生すれば家庭裁判所や少年院などの司法などとのヨコの連携が必要になります（図2-2)。

(3) 多様な学びの方法と多様な学びの内容

教育の内容（質）を変更せず指導方法や形式を変更することを「アコモデーション」といいます。「合理的配慮」の中心は，このアコモデーションです。具体的には，座席の位置の配慮などの環境調整，時間延長，読みやすいフォントや色の使用，音などの感覚刺激への配慮などが，合理的配慮として提供されています。また，デジタル教科書やタブレットの使用をはじめ，さまざまなICTの活用も，合理的配慮として認められています。これらはすべて，教育の内容（質）の変更ではなく，方法の変更です。

一方，「多様な学びの内容」は，子どものニーズに応じて教育の内容そのものを変更するモディフィケーションも含みます。子どものニーズに応じて，学習内容の難易度を下げることや，通常の教育課程では扱わない内容を学ぶことなどです。学びの内容の柱として，知識と３つのスキル（アカデミックスキル，ソーシャルスキル，アドボカシースキル）の獲得をあげたいと思います。

児童生徒が，判断し決定するために情報を得ること，たとえば，自分について知る，自分の権利について知る，自分の利用できる種々のサービスについて知る，これらすべて「知識」です。「知は力なり」です。

アカデミックスキルは，通常の教育で学習する内容ですが，児童生徒の知的水準や習得レベルに応じて必要なものは異なります。高機能の生徒であれば，

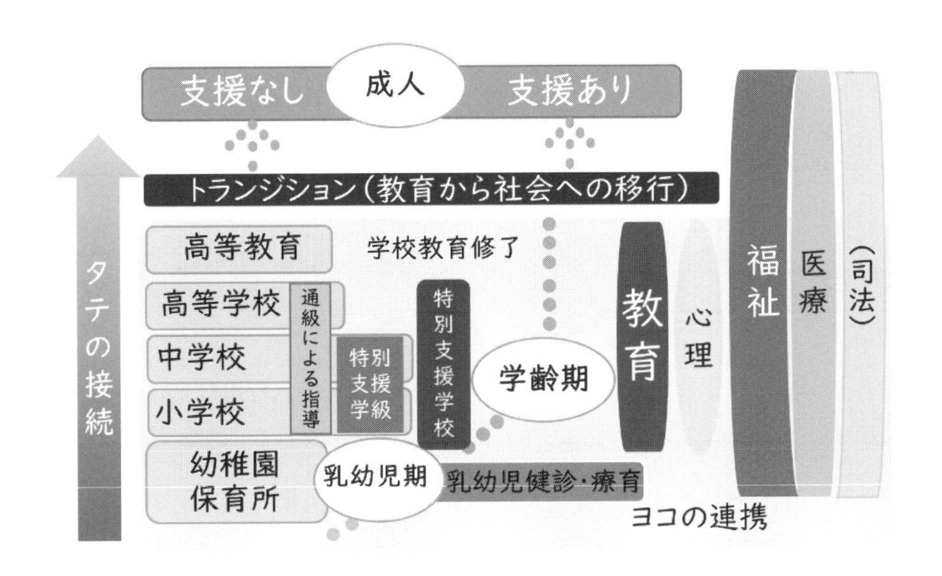

図2-2　多様な学びの場と包括的な支援

大学レベルのアカデミックスキルが必要になります。知的障害や境界域知能がある場合は，課題の難易度を下げることも必要になるでしょう。数学の方程式を理解するためには，前提として四則計算の意味が理解できていなければなりません。生徒の実態によっては，四則計算の学習から取り組む必要があるかもしれません。

ソーシャルスキルやアドボカシースキルは，通常の教育課程では扱いません。しかし，将来の社会参加や自立のためには重要なスキルです。ソーシャルスキルは，ひとことで言えば，他者とつながるための基本的な対人関係能力です。最近では，多くの小学校がソーシャルスキルトレーニングに取り組むようになってきましたが，小学生のソーシャルスキルは絶対的なものではありません。必要なソーシャルスキルは年齢とともに変わります。小学校では，「あたたかい言葉かけ」というソーシャルスキルが有効な場合もあるでしょう。しかし，思春期以降にはソーシャルスキルを用いた結果が必ずしも成功体験にならないことが往々にしてあります。さらに，青年期・成人期では，相手との関係性によっては逆効果にさえなりかねません。上司に向かって，「よく頑張ったね」はありえません。必ずうまくいくとはかぎらないこと，年齢によって適切なソーシャルスキルは変わることも，併せて学んでおく必要があるでしょう。アドボカシースキルは，教育の領域では耳慣れない言葉ですね。福祉の領域では，以前から「セルフアドボカシー」(自分の権利を守る) として扱われてきました。「自分の権利を守る力」とは，自分に必要な支援がわかり (自己理解)，必要な場面で相談し援助を求める力でしょう (表2-1)。

これらは，「自立活動」として，通級による指導や特別支援学級・特別支援学校の教育の中で取り組まれています。改定された特別支援学校学習指導要領 (文部科学省，2018) では，「１健康の保持」に (４) として「障害の特性の理解と生活環境の調整に関すること」が，新設されました。特別な支援が必要な児童生徒の将来の自立にとって，「自己理解」と必要な場面で「援助を求める力」が重要であることは言うまでもありません。

表2-1　多様な学びの方法と多様な学びの内容（鳥居, 2020）

多様な学びの方法	多様な学びの内容
アコモデーション （授業の内容を変更せず方法や形式を変更）	モディフィケーション （授業や課題の内容そのものを変更）
1．課題・教示の条件の変更 ・読みやすいフォント・色 ・課題の量の調整, 時間延長 2．ICTの活用 ・デジタル教科書やPC・タブレットなどの使用 3．ワークシート等情報提示の工夫 4．環境調整（座席の位置, 音などの感覚刺激への配慮　等）	1．アカデミックスキルの実態に応じた変更（基礎学力～高等教育準備　等） 2．年齢に応じたソーシャルスキル（小学校モデルだけではいけない） 3．実態に応じたアドボカシースキル（必要な援助を求める力） ・福祉制度を利用するレベル ・必要な配慮を自分で求めるレベル

❷ インクルーシブ教育システム

「インクルーシブ」とは「包含する」という意味です。文部科学省（2012）は，インクルーシブ教育システムについて，「人間の多様性の尊重等の強化，障害者が精神的及び身体的な能力等を最大限度まで発達させ，自由な社会に効果的に参加することを可能とするとの目的の下，障害のある者とない者が共に学ぶ仕組み」としています。「共に学ぶ」という点がとても重要です。特別な支援が必要な子どもが，通常の学級に「いる」だけでは，「共に学ぶ」ことはできません。しかし，現実には一緒にいることだけを目的とし，障害のある子どももない子どもも「共に学べない」状況を作っている学校が全国にあります。このような状態は，両者の発達を阻害し，偏見を潜在化させ，むしろ共生社会の形成を遠ざけることになり，とても残念です。必要な支援や介入を行うことで，障害の有無にかかわらず，子どもの学ぶ権利を保障しなければなりません。

また，一部には「障害に対する偏見をなくすために，まず一緒にいることが必要なのだ」と考える人たちもいます。しかし，多くの研究はこの考え方を否定しています（Sherif, Harvey, White, Hood, & Sherif，1961：上瀬，2001

など)。私が行った高校生に対する調査でも，障害のある人と不快な接触体験をした生徒は否定的な感情を，快い接触体験をした生徒は肯定的な感情を持っていました。重要なことは，単に一緒にいることではなく，障害のある子どももない子どもも，よい経験を共有することなのです。そのためには，質の高い教育を行っていかなければなりません。

インクルーシブ教育システムでは，「共に学ぶ仕組み」として基礎的環境整備（連続性のある多様な学びの場，専門性のある指導体制，専門性のある教員）を重視しています。「多様な学びの場」については，前項で述べました。子どもの成長発達に伴って，学びの場も柔軟な選択が必要です。通級による指導を受けた生徒の進路は，通常の高等学校から特別支援学校まで幅広いですし，特別支援学級や特別支援学校から高等学校や大学・大学院に進学する例もあります。ですから「連続性のある」学びの場とする必要があるのです。

指導体制や担当教員の「専門性」も重要です。通級による指導は，単なる補習や息抜きではありません。将来の社会参加や自立に向けた「自立活動」とするためには，専門的なアセスメントや指導力が必要です。教員養成においても，「特別支援教育」に関する授業が重視されるようになってきています。

❸ Nothing about us without us!（私たちのことを私たち抜きで決めないで）

これは，障害者権利条約制定に向けた運動の中で掲げられたスローガンで，「自己決定」を権利として求めたものです。障害者差別解消法で，合理的配慮の提供に際しては，「本人の意思の表明」を前提としているのは，「自己決定」権を尊重するものです。最近では，応用行動分析などのさまざまな発達支援においても，「本人のモチベーション」が重視されるようになってきています。

保護者や教師などの大人が介入できるのは，高校（高等部）卒業までです。高校卒業後は，進学・就職のいずれの進路であっても，当事者が自ら求めなければ援助は受けられません。教育の中で，自己決定ができるような成長を支えるために，前項で述べた，生きるための基本的な知識と３つのスキル（アカデミックスキル，ソーシャルスキル，アドボカシースキル）に取り組むべきでしょう。

表2-2 新時代の教育に関連する用語

用語	概 要
Neurodiversity	神経学的多様性，脳の多様性
STE(A)M教育	Science, Technology , Engineering (Art) and Mathematics 科学，技術，工学，(芸術)，数学
Society 5.0	サイバー空間とフィジカル(現実)空間を高度に融合させたシステムにより，経済発展と社会的課題の解決を両立する，人間中心の社会(Society)
柴山学びの革新プラン	「遠隔教育の推進による先進的な教育の実現」「先端技術の導入による教師の授業支援」「先端技術の活用のための環境整備」
ICT	Information and Communication Technology (情報伝達技術)
遠隔教育	同時双方向型(双方向(同期型)) オンデマンド型(一方向(非同期型))
共生社会の形成	誰もが相互に人格と個性を尊重し支え合い，人々の多様な在り方を相互に認め合える全員参加型の社会

多様なニーズのある子どもたちの，将来の社会参加と自立を考えるときに，経済的自立（就労）と生活（衣食住の基本的なADLと余暇活動）の自立の観点が必要です。就労を継続するためには，ジョブマッチングといって，本人の適性に合った進路選択が重要です。そのためには，妥当な自己理解が必要です。自分にできること，できないこと（必要な援助）を理解することが必要なのです。自己理解と援助を求める力，アドボカシースキルが重要といえます。

4 新時代の教育

来るべき社会Society5.0は，「新時代」として「サイバー空間とフィジカル（現実）空間を高度に融合させたシステムにより，経済発展と社会的課題の解決を両立する人間中心の社会」，とされています。最近の教育に関連する用語には，Society5.0を始め，STEM（STEAM）教育，ICT，遠隔教育など，コンピューターテクノロジーに関するものが増えています（表2-2）。テクノロジーの進歩，ICTやAIは多様な子どもたちにとって，さまざまな困難を軽減してくれる有力なツールです。

しかし，これらの技術を子どもたちのために用いるためには，ひとの「想い」がなければなりません。多様な子どもの成長と幸せを願う「想い」は，ひとが紡ぎ，ひとがつなぐものです。テクノロジーが進歩する時代だからこそ，ひとの「想い」が重要であるといえるでしょう。

5 まとめ

発達障害は，その人の一部であってすべてではありません。「障害をなくす」ことは目標ではありません。できないことがあっても，自分に必要な支援がわかり，必要な場面で援助を求め感謝することができれば，社会の中で生きていくことができるでしょう。「学びの多様性をふまえたインクルーシブ教育」とは，多様なニーズのある子どもたちが，その人らしく成長できるように，子どもへの想いをつなぎ，多様な場，多様な内容，多様な方法で，学べるよう質の高い教育を実現するものといえるでしょう。

文献

上瀬由美子（2001）．視覚障害者一般に対する態度―測定尺度の作成と接触経験・能力認知との関連―　情報と社会（江戸川大学紀要），*11*，27-36.

宮口幸治（2019）．ケーキの切れない非行少年たち（新潮新書）．新潮社.

文部科学省（2012）．共生社会の形成に向けたインクルーシブ教育システム構築のための特別支援教育の推進　報告．中央教育審議会初等中等教育分科会．http://www.mext.go.jp/b_menu/shingi/chukyo/chukyo3/044/attach/1321669.htm（2019年1月22日閲覧）

文部科学省（2018）．幼稚園教育要領，小・中学校学習指導要領等改訂のポイント．文部科学省.

内閣府（2019）．最新技術を活用した教育の推進～すべての子どもたちに質の高い教育を提供するために～．内閣府規制改革推進室．https://www8.cao.go.jp/kisei-kaikaku/suishin/meeting/discussion/190311/190311discussion01.pdf（2019年11月29日閲覧）

Sherif, M., Harvey, O. J., White, B. J., Hood, W. R., & Sherif, C. W. (1961). The Robbers Cave Experiment: Intergroup Conflict and Cooperation. Wesleyan University Press: Middletown, Connecticat.
鳥居深雪(2020). 改訂 脳からわかる発達障害：多様な脳・多様な発達・多様な学び. 中央法規出版.
World Health Organization. (2001): International Classification of Functioning, Disability and Health. World Health Organization.

第３章

行動分析学からの多様性へのアプローチ

兵庫教育大学大学院
井澤信三

❶ 多様性とは

多様性とは，グループや人々を互いに区別するために使用できるあらゆる次元の属性です。たとえば，年齢，性別，民族，宗教，障害，性的指向，教育，言語，出身国などです。ヒトは多くの属性を有しています。属性とは，ある事物に属する性質・特徴の意味であり，英語だと，“attributes”“property”や“characteristics”“personality”などの意味合いになるだろうと思います。

障害者は障害者であるというだけで存在するのではなく，当たり前のことですが，障害者である前に人間であり，障害という属性のみならず多くの属性を有しています。ヒトを表記する時に，“people/person with ○○”を用いますが，「○○のあるヒト」という表現になります。その○○のところに，ヒトの多様な属性が該当し，また，それが区別にもつながっていきます。それは当事者の権利擁護，そのための自己決定の動きにもつながっていきます。

障害も属性の一つです。本人の有する一つ一つの属性は集合体ではありますが，その属性には，本人による価値づけ・重みづけがあり，アイデンティティの形成にも影響します。これまでよりいっそう，多様な属性を有する個人を理解し，尊重していくことが，これから求められていきます。

❷ 行動分析学の考え方

(1) ABC分析による行動の理解と支援の枠組み

行動分析学（Behavior Analysis）とは，B. F. Skinner（1904-1990）から始まる心理学の一つの立場であり，学習心理学に位置づきます。行動分析学は，理論的行動分析学，実験的行動分析学，応用行動分析学に分けることができます。応用行動分析学（Applied Behavior Analysis：ABA）は，理論的及び実験的行動分析学から得られた知見をもとに，さらに新しい知見を見つけながら，ヒト等を対象としたサービス等に活用されており，特別支援教育もその一つの分野となっています。

行動分析学において軸となる考え方であるABC分析について，以下にまとめてみましょう（井澤，2019a）。ABC分析は，行動を理解・支援する枠組みとして非常に有用です（図3-1）。まず，Bは行動（Behavior）です。A（Antecedent）は行動の前の出来事（刺激，事象，条件）であり，行動のきっかけや手がかりといったはたらきがあります。C（Consequence）は行動の後の出来事（刺激，事象，条件）であり，行動の増減，維持を決定するはたらきがあります。行動が増加・維持する場合，行動の後に随伴していた出来事を強化子と呼びます。

ABC分析は，児童生徒の行動の前後を含めて観察し，ABCの枠組みで捉えていこうとするものであり，以下の３点が重要となります。第１に，目標となる行動を決めていく際に，本人に応じた行動形態を選択する点です。目標とする行動を決める際に，本人にとって現有する行動，チャレンジ可能な行動，現在の本人の行動傾向を尊重すべきです（Bへのアプローチ）。第２に，目標となる行動に対し，どのような手がかり・きっかけが機能しやすいかを評価する点です。言語的手がかり，視覚的手がかり，ジェスチャーやモデリング，身体的手かがりなど，どのような手がかりが本人にとっての行動のしやすさにつながるかを見定めていきます（Aへのアプローチ）。第３に，目標となる行動に対する強化として，現在，機能している強化子，今後機能しそうな強化子について評価する点です。強化子となりそうなことには，言語賞賛，書字によるコメント，ハイタッチ，アイコンタクト，点数，シール，活動，クラスでの発表などなど，多数の可能性があります。また，行動すること自体が強化的であることも多くあります。本人に適した強化子を即時に提供することが基本となります（Cへのアプローチ）。

応用行動分析学に基づいたアプローチは，強化法，分化強化，先行子操作，プロンプト法，行動連鎖，機能的アセスメント，課題分析，スモールステップなど，多様な技法から構成されます。基本は，ABCにおける操作によるバリエーションとなりますが，これらの手続きの適用は，ヒトなどの行動の変容に大き

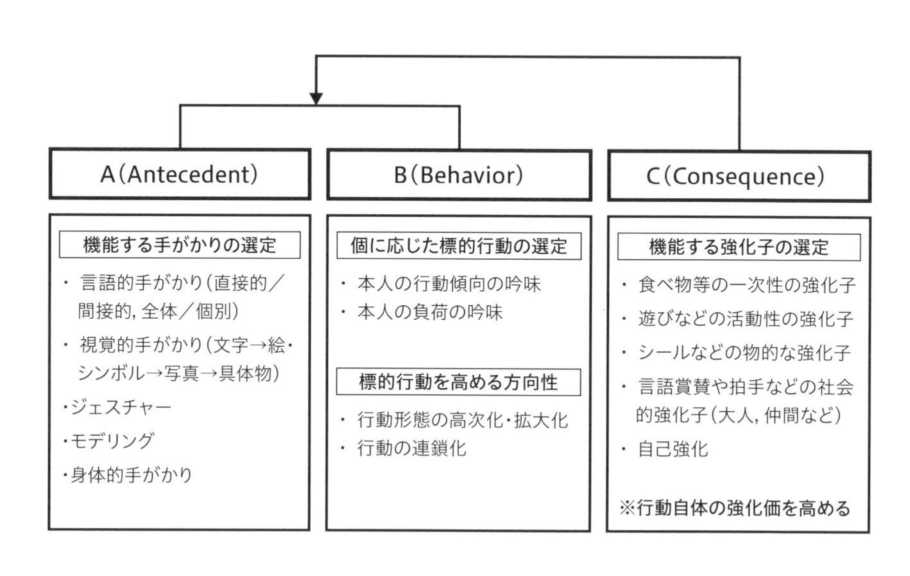

※時間の経過として，A→B→Cの順になる。AとBとCの関係は三項随伴性（three-term-contingency），AとBの関係は刺激性制御（stimulus control），BとCの関係は，強化随伴性（reinforcement contingency）と呼ぶ。行動に随伴するCによって，AとBとの関係は強まっていく。

※行動遂行自体の強化は，行動内在的随伴性強化と言う。

※プロンプトとは行動遂行のための補助的刺激（ちょっとした手助けやヒントなど）であり，基本は次第に減らしていくことを目指すが，そのプロンプトがあれば行動遂行できる場合，それを使用することも推奨される。

※当初は他者からの提示されるAとCについて，次第に本人自身が活用できるようにしていくこと（セルフマネジメント）が望まれる。

図3-1　行動を理解・支援するための枠組み：ABC分析による行動支援のポイント

く貢献してきました。また，その原理は，ペアレント・トレーニングやスタッフ・トレーニング（例：井上，2012），行動コンサルテーション（例：大石，2016）といった間接的支援にも盛んに適用されており，その効果も実証されてきています。

応用行動分析学によるアプローチでは，大きく分けると「本人の技能を高める方向性」と「本人の現有の技能を発揮できるように環境を操作・調整する方向性」の２つの方向性があります。前者は，漢字や計算問題，文章読解，英作文などの様々なアカデミックスキルズの学習，自己感情理解，他者感情理解を含めた他者とのつきあい方といったソーシャルスキルズの学習，問題となる行動に代わりうる適切なコミュニケーションスキルズの学習など，さまざまな行動の形成・獲得を目指す方向性です。後者は，本人が現有する行動が成立するように環境を変更・調整すること，必要があれば最小限の指導を追加することにより，行動の成立を目指す方向性です。いずれの場合も，現有の行動レパートリーを把握し，その行動が成立するための弁別刺激，維持するための強化子を分析していくことが求められます（井澤，2020）。

（2）個の尊重

そもそも行動分析学は一つの個体の行動変化をターゲットにして発展してきました。採用してきた研究法は「単一事例研究法（一事例の実験デザイン：single case experimental design/within-subject design）」であり，それは時間経過に伴う個体内変動を追跡し，介入による効果の因果関係を実証するための研究計画です（井澤，2016）。

坂上（2018）は，心理学の実験で使用される「単一事例研究法」と「群間比較法（between-group design）」との違いの説明を通して，「集団に対して，平均的な（すなわち誤差もある）効果を持つ独立変数に関心があるのではなく，個別の個体の行動を確実に変容させる独立変数を探し求めることが，行動分析学の使命と考えている」と述べています。

須藤（2018）は，「わが国の自閉症スペクトラム障害における応用行動分析学をベースにした実践研究の展望（2012～2017年）」において，研究デザインについては，A-BデザインやA-B-Aデザイン，マルチプルベースラインデザイン等の「単一事例実験デザイン」が90％（84件）と適用されていることを示しています。

このように，行動分析学における実験では，個体（organism/individual）の行動に焦点を当ててきました。個体は，動物であったり，ヒトであったり，そして特別な教育的ニーズのあるヒトだったりしてきました。いずれの実験研究・臨床研究においても，「その個体において機能する弁別刺激」「その個体において遂行できる行動レパートリー」「その個体において機能する強化子」は，個体によって異なることを前提としており，それは，行動分析学がもともとヒトの多様性を前提としていると考えることができます。

（3）集団を対象とすることへの拡大

既出の須藤（2018）の展望の中で，支援対象者の人数は「一人」が75％（72件），「複数」が21％（20件），「集団」が４％（４件）であったことを示しています。やはり「集団」が少ないわけですが，最近では，スクールワイド・クラスワイド（学校・学級規模）のアプローチも実施されるようになってきました。

スクールワイドPBS/PBIS（Positive Behavior Support/Positive Behavior Intervention and Support）では，３階層を設定しています。階層１としてすべての児童生徒に対するユニバーサルな行動支援，階層２として階層１の支援では効果が示されず行動問題を示す児童生徒10〜15％に対する小集団による行動支援，階層３として階層１，２の支援では十分に効果が示されず重篤な行動問題を示す児童生徒５〜７％に対する個別的かつ集中的な行動支援を提供するとしています（神山，2017）。

その階層１の中で，集団随伴性（group-oriented contingency）という強化システムがよく採用されます。強化とは，基本，個人の行動への随伴性に焦点を当てます。集団随伴性とは，２人以上の（小）集団で遂行する活動において，特定のメンバーか特定のグループ，または集団全体の行動や遂行結果などによって，集団全体に対して強化が随伴される操作のこと（村中，2019）です。たとえば，あるテストをして，グループの平均点数が80点以上であれば，グループメンバー全員が強化されるというような例があります。

このスクールワイド／クラスワイドPBS/PBISは「集団」を対象としたアプローチであり，特に，階層１の「すべての児童生徒へのユニバーサルな行動支援」の質的な向上が鍵になります。たとえば，岩本・野呂（2018）では，小学５年生３学級の全児童102名（発達障害・知的障害児童７名を含む）を対象とし，学習準備行動に対する相互依存型集団随伴性を中核とした介入パッケージ（独立変数「階層１における支援」＋個別支援）により，漢字テストが始まるまでに学習準備行動を遂行した児童の割合（従属変数）に良好な変容をもたらしています。このような実践研究によるエビデンスの蓄積が求められます。

❸ 多様性を支援するための方針

（1）多様な目標（標的行動）から選定する

道城・野田・山王丸（2008）による学校場面における発達障害児に対する応用行動分析を用いた介入研究のレビュー（1995-2005）によると「学業従事行動（on-task/課題従事行動，妨害行動，問題行動など）」「社会的行動（遊び，社会的相互作用，共有する，援助するなど）」「学習行動（読み，書き，算数，黒板を写すなど）」「自己管理行動（掃除，給食，移動バス乗車，プール，姿勢保持など）」「言語行動（コミュニケーション，マンド，タクトなど）」「その他（上記に当てはまらなかったもの）」が，標的行動（ターゲット）なっていることが示されています。

上記に挙げられた行動群は，通常の学級におけるターゲットとして，以下のように位置づけることができます。まずは，「学習の基礎となる学業従事行動（獲得）」と「それを阻害する問題となる行動（低減）」をベースとして設定します。次に，学校で中心となる「学習行動」がメインのターゲットとなります。さらに「社会的行動」「言語行動」「自己管理行動」をオプションとし，行動を拡大していく，と考えることができるでしょう。ただし，その際に，課題分析により標的行動を具体化，明確化，細分化する作業が必須となります。

（2）多様な学び方を保障する

アメリカで導入されているRTI（Response to Intervention）は，児童生徒の学業成績を最大化し，行動問題を減少させるために，多層予防システムの中でアセスメントと介入を統合するものと定義されています（野田, 2018）。RTI action network（http://www.rtinetwork.org）によると，RTIは，学習と行動のニーズのある児童生徒を早期に特定してサポートするための多層的なアプローチと紹介しています。また，RTIの中心的な特徴として，（1）一般的な教育場面において質の高い，エビデンスに基づく指導，（2）全ての児童生徒の学習上及び行動上の問題のスクリーニング，（3）2つ以上の階層（tiers/level）のある指導，それは漸次，より手厚さを増し，指導に対する児童生徒の反応に基づく，（4）児童生徒のパフォーマンスの継続的なモニタリング，が挙げられています（National Center on Response to Intervention, 2010）。前述したスクールワイド／クラスワイドPBS/PBISも，RTIと同様の枠組み（フレームワーク／システム）を有しています。

日本の学校では，これまで一斉に同じことを同じ方法で教える手法が採用されてきたと思います。これは，効率のよい一定の成果を示してきました。一方，支援ニーズのある人への教育的アプローチは，一人一人を丁寧に把握し，それに応じた支援を展開し，その成果をモニタリングしていきながら，支援方法・内容を調整していくプロセスが強く求められてきました。「これらを融合したミックス型」がこれから求められていくと考えます。

（3）ユニバーサルな介入と個別化された介入

応用行動分析学による実践では，個体の行動変容に関心があり，それを実験的操作により因果関係を明らかにしてきました。「弁別刺激，行動，強化刺激等」は個体により差別化されるわけですが，集団への一斉指導には役に立つのか，という疑問が生じます。もちろん，個人の行動は少なからず異なるわけですが，では，全く違うかというとそうではなく，そこに個体種ごとの一般化できる共通性（法則）が見いだせることも事実です。以下のようなABCの枠組みからの工夫が共通性のあるユニバーサルな例として挙げることができます。

① A（Antecedent）へのアプローチ

たとえば「カラーバールーペや拡大鏡の使用」「わかりやすい簡潔な指示」「具体的な指示」「～しないではなく，～するといった肯定的な指示」「ことばだけではなく見える形での指示」等といった，弁別刺激の提示に関する操作（工夫）が多く提案されており，合理的配慮の具体例にも多く採用されています。

② B（Behavior）へのアプローチ

たとえば，本人に適した，より遂行される確率の高い目標行動の選定です。たとえば，話しことばを補強するコミュニケーションツールやスマートフォンのアプリなどを使用することも推奨されてきています。また，本人が現有する行動レパートリーをまずは優先し，さらにステップアップしていくことが望まれます。

③ C（Consequence）へのアプローチ

たとえば，本人に合った（機能する）強化子を見つけること，時間的にすぐに褒めること，結果のみならずプロセス（行動）を褒めること，強化は毎回ではなく次第に減らしていくこと，他者強化から自己強化への移行など，さまざまな知見が得られています。また，トークンエコノミー法は代表的な強化システムの適用例です。

④ ABCの枠組みで行動を理解し，支援する上で大切なこと

ある望ましい行動が生起しない，維持されていない場合，その行動のABCについて点検しないといけないということです。反対に，ある望ましくない行動が生起している，維持している場合，その行動のABCについても点検しないといけないということです。それは「ABCからのアプローチをやってみてどうだったか」を繰り返し，モニタリングするプロセスなのです。さらに，現在，望ましい行動が成立している状態にたどり着いても，その現在の機能している刺激や行動にとどまるのではなく，高次化・拡大化していくことを目指してい

くことが必要となります。

⑤全体へのアプローチから個へのアプローチへ

「全員に，同じ目標，同じ方法により学習するアプローチ」と「個別に，個人の目標，個人が学びやすい方法により学習するアプローチ」は考え方として異なりますが，その融合は可能です。まずは，集団を対象とした一斉指導におけるABCの工夫（アプローチ）を集結した，よりよい質の高い全員に対する指導・支援（ユニバーサルな介入）を土台とします。さらに，そのユニバーサルな介入では不足がある，教育的ニーズを有する児童生徒へのプラスアルファの指導・支援（個に応じた問題解決的な介入）を追加的に実施するフレームワーク／システムを追求します（井澤, 2019b）。それは，「やってみてどうだったか」を観察記録しながら，次の打つ手を考えていきます。まさしく，PDCA（Plan-Do-Check-Action）サイクルであり，単一事例研究法に基づくデータ（行動成立の状況）を参照しながら，介入を変更していくプロセスが重視されます。

❹ おわりに

多様な人の多様な学びを成立させるためには，本人主体であることが前提条件です。誰のための学びかと言えば，それはその本人のためであり，生き方を選ぶための学びの成立でなければなりません。

行動は，環境（物理的な環境も，周囲の人の関わり方といった人的な環境も含めて）と個人との相互作用により決定されます。教える側が一方的に「させる」ものではありません。本人が自分の多様性を知り，学び方を自分で選択し，自己決定していくプロセスを重視しなければなりません。それが，本人のQOL（生活の質）にもつながっていくと考えられます。

そのためには，「自分の多様性を知ること」「自分の学び方を知ること」「学び方にはいくつかの選択肢が，選ぶ権利があること（それには，結果としての社会的な責任も伴うこと）」「選ぶためには，どの選択肢が自分に合っているのか，結果が随伴する経験を重ねていくこと」，そして「それを実現するために，ABCの枠組みから応援する人がいること」というリンクが，これから必要になると考えます。

文献

道城裕貴・野田航・山王丸誠(2008). 学校場面における発達障害児に対する応用行動分析を用いた介入研究のレビュー：1995-2005. 行動分析学研究, 22(1), 4-16.

井上雅彦(2012). 自閉症スペクトラムに対するペアレントトレーニング. 小児の精神と神経, 52(4), 313-316.

井澤信三(2016). 単一事例研究法. 日本LD学会編.「発達障害事典」. 丸善出版, 310-311.

井澤信三(2019a). ABC分析による行動アセスメント. 橋本創一ら編著「特別支援教育の新しいステージ：5つのIで始まる知的障害児教育の実践・研究」. 福村出版. 86-87.

井澤信三(2019b). 学校教育における発達障害支援のこれから. 教育と医学, 67(7), 510-516.

井澤信三(2020). 障害のある人における就労支援の動向. 兵庫県人権啓発協会研究紀要. 第二十一輯, 47-61.

岩本佳世・野呂文行(2018). 通常学級における学級全体への支援と個別支援の組合せ－発達障害・知的障害児童を含む学級全児童の学習準備行動への効果－. 行動分析学研究, 32(2), 138-152.

神山　努(2017). スクールワイドPBISの研究に関する現状と課題. 障害科学研究, 41, 45-57.

村中智彦(2019). 集団随伴性. 日本行動分析学会編.「行動分析学事典」. 丸善出版, 514-517.

National Center on Response to Intervention (2010). Response to Intervention (RTI): Funding Questions and Answers. Information Brief.

大石幸二(2016). 行動コンサルテーションに関するわが国の研究動向－学校における発達障害児の支援に関する研究と実践－. 特殊教育学研究, 54(1), 47-56.

坂上貴之(2018). 観察法と実験法. 坂上貴之・井上雅彦編著「行動分析学－行動の科学的理解をめざして」. 有斐閣アルマ, 27-62.

須藤邦彦(2018). わが国の自閉症スペクトラム障害における応用行動分析学をベースにした実践研究の展望－2012年から2017年－. 教育心理学年報, 57, 171-178.

第II部

学び方の多様性で考える授業・学校づくり

第４章

通常の学級の特別支援教育から インクルーシブ教育へ

関西国際大学大学院人間行動学研究科
花熊　曉

❶ 特別な教育ニーズがある子どもへの支援の歩み

（１）「障害児教育」の歴史的転換点

2007年の特別支援教育の法制化から早くも13年目を迎え，共生社会の形成を目ざすインクルーシブ教育の理念のもとに，幼稚園，小・中学校，高等学校（中等教育学校）のあらゆる場で，特別支援教育の推進が図られています。歴史的に見て，特別支援教育の理念とシステムは，我が国の学校教育を根本から変える画期的なものだったと言えます。ここではまず，本書のテーマである「学びの多様性への対応」の意義を理解するために，「特殊教育（障害児教育）」から「特別支援教育」に至る歴史的な歩みと，そこで特別支援教育が果たした役割をまとめておきたいと思います。

戦後75年の学校教育の歴史を振り返ったとき，障害のある子どもたちの教育には，表4-1のように大きなエポック（画期的変化）がありました。表に示した５つのエポックについて，その意義を順に見てみましょう。

（２）知的障害児のための学級・学校の整備と拡充

第１のエポックは，1950～60年代の知的障害児（当時は「精神薄弱児」と呼

表4-1　特別な教育ニーズがある子どもへの支援の歩み

時　期	エポックとなる事項	学校教育における意義
1950～ 60年代	知的障害児のための 学級・学校の整備拡充	知的障害教育の本格的な始まり 「生活中心の教育」の概念
1979年	養護学校設置の義務化	就学猶予・免除状態の解消 特殊教育制度の「一応の完成」
1993年	通級指導教室の設置開始	通常の学級で学ぶ「軽度障害児」への支援 学習障害（LD）児の存在の認知
2007年	特別支援教育の法制化	場の教育からニーズの教育への移行 通常の学級における特別なニーズへの支援 通常の学級の運営や授業の在り方の再検討
2012年	インクルーシブ教育 システム構築の提言	「共生社会」の形成に向けての特別支援教育の役割の明確化

ばれていました）のための「特殊学級」の整備・拡充と知的障害養護学校の設置の始まりでした。知的障害児のための教育は，当初，教科学習を中心としたいわゆる「準ずる教育」の形を取っていましたが，教科学習中心の教育だけでは社会的自立につながらないという反省から，1960年代には，社会の中で生きる力を育てる「生活中心の教育」が主流となりました。1962年に定められた知的障害養護学校の学習指導要領では，日常生活の指導や生活単元学習等の「教科・領域を合わせた指導」を必要に応じて行えることが明記され，現在の知的障害教育の基礎が形づくられました。

歴史的に見ると，「生活中心の教育」の考え方は，知的障害教育の在り方だけにとどまるものではなく，子どもの状態や発達特性に合わせた教育内容を用意し，子ども一人ひとりのニーズに応じた配慮・支援を行うという，特別支援教育の理念の原点になるものだったと言えるでしょう。

（3）養護学校設置の義務化

第２のエポックは1979年の「養護学校設置の義務化」です。設置の義務化によって全国の養護学校の数は飛躍的に増加し，それまで受け皿となる学校がないために就学猶予・免除の状態に置かれていた，障害の重い子どもたちの教育を受ける権利が保障されるようになりました。当時は，「養護学校設置の義務化によって，我が国の特殊教育制度は一応の完成を見た」と言われたものです。

しかしながら，1970～80年代の我が国の特殊教育システムには大きな問題点がありました。それは，中・重度の障害への対応に重きが置かれ，通常の学級で学ぶ弱視，難聴，言語障害，情緒障害などの「軽度な障害」がある子どもたちへの支援が十分ではなかったことです。

通常の学級で学ぶ軽度な障害のある子どもへの対応については，1978年に「特殊教育に関する研究調査会」が『軽度心身障害児に対する学校教育の在り方（報告）』で，通級又は巡回による指導の必要性を提言していたのですが（特殊教育に関する研究調査会，1978），この先進的な提言は，時代の雰囲気の中で，教育行政には反映されないままとなってしまいました。そのため，1980年代の10年間，軽度な障害への対応は十分に行われず，のちに「空白の10年」とも言われるようになります。結果として，通常の学級で学ぶ特別な教育ニーズがある子どもたちの支援体制の整備は，1993年の通級指導教室の設置まで待たなければなりませんでした。

（4）通級指導教室の設置

通級による指導については，1970～80年代に，言語障害児のための「ことばの教室」を中心とする「通級制特殊学級」が全国に設置されていました。しかし，通級制特殊学級は，学校教育法第75条（現81条）に規定された学級定数を必要とする「特殊学級」であったため，通級による指導を行っているにもかかわらず，子どもが指導を受ける際には通常の学級から通級制特殊学級に学籍を移さなければならないという制度的な矛盾を抱えていて，そのことが学級運営の困難と支援ニーズの開拓の大きなネックになっていました。

このような制度上の問題を解消するため，「通級学級に関する調査研究協力者会議」は，1992年３月の『審議のまとめ』において，学級定数に縛られない「通級指導教室」の設置の必要性を提言し，この指摘を受けた文部省（当時）は，

1993年度からの５か年計画で全国の小・中学校に通級指導教室を設置しました（通級学級に関する調査研究協力者会議，1992）。さらに，調査研究協力者会議は，このころ存在が注目され始めた学習障害（LD）への対応に関する基礎研究の必要性も合わせて指摘し，学習障害児の存在が初めて公的に認知されました。

通級指導教室の設置は，通常の学級で学ぶ特別な教育ニーズのある子どもたちが利用しやすい支援システムという点で，また，LDを始めとする知的な遅れのない発達障害の子どもたちの支援をも想定していた点で，今日の特別支援教育の「芽生え」となるものだったと言えます。

（5）特別支援教育が求められた背景と意義

通級指導教室の設置が始まったちょうどそのころ，LDの子どもたちの存在が注目されるようになり始め，1995年3月に「学習障害の指導に関する調査研究協力者会議」による我が国で初めてのLDの定義が行われました（現行の定義が確定したのは1999年）（学習障害及びこれに類似する学習上の困難を有する児童生徒の指導方法に関する調査研究協力者会議，1995）。2000年代に入ると，LDだけでなく，ADHDや高機能自閉症等の子どもたちの存在も認知され，その教育支援が喫緊の課題となってきました。通常の学級で学ぶこれらの子どもたちは，通常の学級の教育方法では十分に教育ニーズが満たされず，かと言って，従来の特殊学級の対象にもあてはまらないという，いわば通常の教育と特殊教育の「谷間」に落ち込んだような状態に置かれていた訳で，そうした谷間状態を解消するためには，通常の教育と特殊教育の枠組みを超えた新たな学校教育システムが必要でした。

さらに，通常の学級では，LD等の知的な遅れのない発達障害の子どもたちへの対応に加えて，①学習面の困難（学習の遅れ，学習意欲の低下），②学校適応の困難（不登校，高校中退），③学級集団内の深刻な問題（いじめ），④就学・進学移行上の問題，⑤養育環境上の問題，⑥生徒指導上の問題（非行）などのさまざまな問題が多発しており，障害の有無にかかわりなく，個に応じた配慮・支援を必要とする子どもたちが学級の中に多数存在していました。

そうした現状から，学校現場では，従来の「通常の教育」と「特殊教育」の枠組みを取り払い，通常の学級を含めた学校教育の全ての場で行う「特別支援教育」が強く求められるようになり，さらには，当初，発達障害児の個別的な支援に限定して捉えられていた通常の学級における配慮・支援が，障害の有無に関わらない特別な教育ニーズの支援へと拡大されていきます。そのことを最も端的に示したものが，特別支援教育が法制化された2007年4月の文部科学省初等中等教育局長通知『特別支援教育の推進について』でしょう（文部科学省初等中等教育局長，2007）。その冒頭に掲げられた「特別支援教育の理念」の第３段落には，「特別支援教育は，障害のある幼児児童生徒への教育にとどまらない」ことが明記されています。特殊教育（障害児教育）から特別支援教育への転換の意義は，次のようにまとめられます。

① 子ども一人ひとりの教育ニーズを中心に据えたニーズの教育への転換。
② 特別な教育ニーズを「障害」に限定しない。
③ 通常の学級を含めた学校教育の全ての場での特別な教育ニーズへの対応。
④ 子ども一人ひとりのニーズに対応するために，通常の学級の運営方法や授業方法を見直す必要性の認識。

（6）特別支援教育からインクルーシブ教育へ

国連の障害者権利条約第24条に掲げられた「インクルーシブ教育」という語は，学校教育関係者には耳新しかった言葉で，2012年7月の「共生社会の形成に向けたインクルーシブ教育システム構築のための特別支援教育の推進（報告）」(中央教育審議会報告，2012）が示されてしばらくは，学校現場にかなりの混乱が生じました。特に多かったのは，「これまで進めてきた特別支援教育とどこが違うのか」という問いだったように思います。しかしながら，中教審報告が「共生社会の形成には，インクルーシブ教育システムの理念が重要であり，その構築のために特別支援教育を着実に進めていく必要がある」と述べているように，特別支援教育とインクルーシブ教育は不可分の関係にあるもので，特別支援教育の理念と方法を「共生社会の形成」というより大きな社会的観点の中に位置づけたものがインクルーシブ教育だと言ってよいでしょう。

インクルーシブ教育システムを巡っては，特に「障害のある者と障害のない者が共に学ぶ仕組み」という点について，数多くの論議が行われていますが，「共に学ぶ仕組み」で最も重要なことは，通常の学級，通級指導教室，特別支援学級，特別支援学校といった様々な教育支援の場に連続性（移行の柔軟性）を持たせ，その中で，できる限り「共に学ぶ」方向を目指していく点にあると考えられます。また，「共に学ぶ仕組み」を目指す以上，通常の学級の運営と授業の在り方の検討や，通常の学級内で専門的な支援を行うためのシステムや人員配置の検討が当然必要とされます。本書のタイトルにある『学びをめぐる多様性と授業・学校づくり』とは，まさにこの点を指摘したものだと言えます。

2 ユニバーサルデザインの授業づくりについて

第１節で述べた，学校教育における特別支援教育，インクルーシブ教育の理念を日々の教育実践に置き換えたとき，最初に課題となるのが，学級の全ての子どもたちが参加でき，理解でき，達成感を感じられるユニバーサルデザインの授業づくりです。

（1）ユニバーサルデザインの学級・授業づくりの始まり

特別支援教育の関係者の間で，通常の学級のユニバーサルデザイン化が課題とされ始めたのは，改正学校教育法が施行され特別支援教育が法制化された2007年頃からです。その経緯を一般社団法人日本LD学会大会の発表論文集で検索しますと，表4-2（次頁）のように，学級・授業のユニバーサルデザイン化は，「特別支援教育の視点を通常の学級の学級・授業づくりにどう生かすか」をテーマとしたシンポジウムで取り扱いが始まっています。

表にある2008年の自主シンポジウムは，筆者が企画したものだったのですが，シンポジウムの当日，定員の倍近い参加者で会場が溢れる状況で，このテーマに対する特別支援教育関係者の関心の高さが感じられました。そのこともあって，翌年には本テーマが大会企画シンポジウムとして取り上げられ，さらに翌

表4-2　学級・授業のユニバーサルデザイン（日本ＬＤ学会大会での取り扱い）

年度	大会	取扱い領域	テーマ
2008	第17回 広島大会	自主 シンポジウム	特別支援教育の視点に立った通常の学級のクラスづくり・授業づくりを考える
2009	第18回 東京大会	大会企画 シンポジウム	通常の学級で「特別支援教育」をどう進めるか ～特別なニーズがある児童生徒のための学級・授業づくりの実践を考える～
2010	第19回 愛知大会	大会テーマ	通常の学級における特別なニーズをもつ子どもの支援

年には，「通常の学級における特別なニーズへの支援」が大会テーマとなっています。2010年代に入ると，ユニバーサルデザインの視点に立った学校・学級・授業づくりは，子どもたちの多様性に対応する上で不可欠な通常の学級の取組課題として認識され，全国各地で多くの実践が行われると共に，通常の学級の担任に向けた書籍も数多く出版されています（上野，2018など）。

（2）特別支援教育の視点を取り入れた授業づくりとは

ユニバーサルデザインの学級・授業づくりの提言は当初，小学校において，特別支援教育の担当者側から通常の学級の担任に向けて提言されました。そこでは，「発達障害の子どもには『ないと困る支援』は，どの子にも『あると便利な支援』である」という観点のもとに，①子どもが学習しやすい教室・学習環境を整備する，②学校生活における学習と行動のルールを明示する，③授業で学習の見通しが立つように視覚的支援を行う，④多様な子どもの状態に対応するための学習支援グッズを用意する，⑤個の違いを尊重しあう肯定的な雰囲気を持った学級風土を形成する，などの目標が示されています。さらに，こうした取組が特定の学級だけで行われていては，担任が変わったときに，子どもたちの間に混乱を招くリスクがあることから，学校の教職員全体がユニバーサルデザインの学級・授業づくりについて共通理解し，学校全体で共通の視点に基づいた取組を行うことの必要性も指摘されました。

中学校においては，教科担任制であることや生徒指導面の課題，部活動など小学校とは異なる状況から，ユニバーサルデザインの学級・授業づくりの取組が遅れていましたが，ここ数年，学校全体もしくは地域全体で取り組もうとする動きが全国的に高まっています（花熊・米田，2016など）。

（3）ユニバーサルデザインの授業づくりの意義

特別支援教育の視点に立った授業ユニバーサルデザイン化の試みは，子どもたちが過ごしやすく学びやすい教室・学習環境の整備と学級の全ての子どもたちが参加できる授業づくりから始まりましたが，学校全体での取組が進むにつれて「ユニバーサルデザイン化とは，単なる授業技法ではなく，学校・教師の意識改革である」との認識につながっていきました。日本の学校では，従来，学級運営や授業は教師一人ひとりに任されていましたが，そうした状態では通常の学級にいる子どもたちの多様化したニーズに応えることは難しく，また学級運営や授業に困難を感じている教師の支援にもつながりません。通常の学級に求められていることは，学校の教職員全員が「共通の視点」のもとに学級づくりや授業づくりに取り組むことであり，①学校種や学年の違い，②教科の違い，③教員個々の授業スタイルの違い，④学校で行われるさまざまな活動の場面・内容の違い，を超えた視覚化，構造化，協働化などの「共通の視点」を学校全体で共有することで「学校全体が変わる」ことであるという捉え方は，いま多くの学校に広まっています。

以上のような特別支援教育の視点に基づくユニバーサルデザインの学級・授業づくりの意義は，次のようにまとめられます。

① ユニバーサルデザイン化とは，「学校・授業に子どもを合わせる」から「学校・授業が子どもに合わせる」への大きな転換であり，子どもたちの多様性，一人ひとりの「学び方の違い」への対応を通じて，子どもたちの「学びの意欲」を育てる教育的アプローチとなりうる。

② 学校全体でユニバーサルデザイン化に取り組むことで，一定水準の支援技術（教師の接し方，授業の展開のしかた）が確保できる。また，教師の

指導力を向上させるためのヒントとなり，学級運営や授業に困難を感じている教師へのサポートにもつながる。

③ 授業で用いる支援グッズ（指示カードやワークシートなど）を学校全体で共有することで，個々の教師の時間的負担を軽減できる。

（4）ユニバーサルデザインの授業づくりの次の課題

以上のような特別支援教育側からの提言は，「子どもたちが安心して過ごせる学級」，「落ち着いた雰囲気の授業」を作る上では，大いに役立ってきたように思います。特に，学級の子どもたちがざわざわして落ち着かず，授業不成立の危機にあった学級の担任にとっては，学級と授業を立て直すための大きなヒントでした。また，ユニバーサルデザイン化の中で，学習の速度や達成が早い子への対応も考えたことは，「学級の全ての子どものニーズに応える」ことを目指した点で，特別支援教育の理念をより拡大することにもつながりました。

しかし，こうした実践が全国各地で行われる中で新たに生じたのが，「特別支援教育側からの提言に基づく取組は，落ち着いた雰囲気の学級を作るには確かに役立ったが，そのことが本当に子ども一人ひとりの学びの質の向上に役立っているのか？」という疑問でした。実際，ユニバーサルデザインを掲げている授業で実践されている工夫の多くは「授業の進め方」，言い換えれば，授業の「外形的側面」にとどまるもので，新学習指導要領が目指す子どもの主体的な学びや思考力の育ちに直接に関わるものではありません。子どもの学ぶ力を育て，一人ひとりの学びの質を高めていくためには，授業の「外形」だけでなく，授業の「質」（中身）を検討しなければならないのです。

この課題に直面したとき，ユニバーサルデザインの授業づくりについて，特別支援教育の専門性だけでは不十分な点が気づかれるようになりました。特別支援教育・障害支援を専門とする教師は，個々の子どもの発達特性の把握や特性に応じた支援方法を考えることは得意です。しかしその多くは，通級指導教室や特別支援学級などの１対１もしくは小グループでの指導で展開されることであって，多くの子どもを抱える通常の学級の授業ですぐさま応用できることではありません。また，各教科の教育法それ自体は教科教育の専門領域であって，特別支援教育を専門とする教師にはよく分からないことも多くあります。そうした認識から，近年，ユニバーサルデザインの授業づくりを一層深めていくためには，特別支援教育の視点（専門性）と教科教育法の視点（専門性）のコラボレーションが必要だと考えられるようになりました。しかしながら，これまでまったく別個に取り組まれてきた特別支援教育と教科教育の研究を統合的に取り扱うことは容易ではなく，乗り越えなければならない「壁」が数多く立ちはだかっています。

第１は，特別支援教育側の課題で，特別支援教育を専門とする教員は個々の子どもの発達特性の把握や支援には長じていますが，通常の学級とそこで行われている授業の実態と本質をどこまで把握・理解した上で通常学級担任にコンサルテーションしているかという点に課題があります。今後，特別支援教育と教科教育のコラボレーションを進めるにあたっては，特別支援教育担当者が通常の学級の実態や授業について，さらに理解を深めていく必要があります。

第２は，教科教育側の課題で，教科教育の担当者には，コラボレーションの必要性の理解がまだ不十分なことに加えて，学習のつまずきの早期発見・早期対応の必要性や子どもの学び方の違い（Learning Differences）への対応については，理解が十分ではない現状です。特に，学校学習における合理的配慮として今強く求められているタブレットなどのICT機器の授業内使用については，授業者側のためらいや抵抗感が大きく，活用が一般化されてはいません。しかし，特別支援教育側が取り組んできた学習のつまずきの早期発見・早期対応がなければ，ユニバーサルデザインを意識した授業が行われていたとしても，学年進行の学習についていけない子どもは多数出て来るでしょうし，ディスレクシア児のように，読み書きの困難から一般的な学習方法では教育ニーズが満たされない子については，代替的な手段の使用を認めなければ，学習課題の達成は困難になってしまいます。

今後，学級・授業のユニバーサルデザイン化をいっそう推し進め，学級の全ての子どもたちの学びを保障していくためには，特別支援教育と教科教育の両者が互いの専門性を尊重・理解しあうと共に，自己の領域にない視点を取り入れあっていくことが不可欠です。

3 学びの多様性を支える新たな視点

本稿では，特別支援教育，インクルーシブ教育と，その実践版としてのユニバーサルデザインの授業づくりについて，学校教育の歴史の中に位置づけてきましたが，「学びの多様性」については，今，さらに新たな視点が加わろうとしています。それは，子どもたちの能力を一様なものとみなすのではないマルチ知能の考え方（本書第５章），あるいは，サイエンスや芸術分野などでの子どもの特別に優れた才能を伸ばしていこうとする考え方（例：隅田，2020）です。これまで実践されてきた授業のユニバーサルデザイン化の取組は，学びの多様性を意識したものではありましたが，教育目標・授業目標の捉え方という点では従来の教育観にまだ留まっています。本書で紹介されている学びの多様性に対応する新たな視点は，ユニバーサルデザインが目ざした多様性への対応を，さらに発展させるものと期待されます。

文献

中央教育審議会(2012)．共生社会の形成に向けたインクルーシブ教育システム構築のための特別支援教育の推進(報告)．文部科学省ホームページ．

学習障害及びこれに類似する学習上の困難を有する児童生徒の指導方法に関する調査研究協力者会議(1995)．学習障害児の指導について(中間報告)．文部科学省ホームページ．

花熊曉・米田和子(編著)(2016)．中学校ユニバーサルデザインと合理的配慮でつくる授業と支援．明治図書．

文部科学省初等中等教育局長(2007)．特別支援教育の推進について(通知)．文部科学省ホームページ．

隅田学(2020)．才能児への配慮・対応．花熊曉・川住隆一・苅田知則(編)特別支援教育免許シリーズ：特別支援教育概論．建帛社．

特殊教育に関する研究調査会(1978)．軽度心身障害児に対する学校教育の在り方(報告)．文部科学省ホームページ．

通級学級に関する調査研究協力者会議(1992)．通級による指導に関する充実方策について(審議のまとめ)．文部科学省ホームページ．

上野一彦(監修)(2018)．ユニバーサルデザインの学級づくり・授業づくり：12か月のアイデア事典(全６冊)．明治図書．

第5章

マルチ知能を活かす授業デザインとその実際

独立行政法人 国立特別支援教育総合研究所
涌井　恵

❶ はじめに

通常の学級の担任にとって，自分の学級に発達障害のある児童生徒が在籍しているということは，珍しいことではなくなりました。発達障害のある児童生徒達を含む全ての児童生徒がわかる授業を目指すユニバーサルデザインの考え方を取り入れた校内研究や実践事例が多く報告されるようになり，かつては怠けやふざけていると誤解されていた児童生徒の背景に，発達障害から来る認知の偏りがあることについての理解も一定程度進んだと思われます。

また，通常の学級には，発達障害のある児童生徒だけでなく，外国にルーツがあり日本語が堪能でない児童生徒や，不登校，家庭環境，虐待などの問題を抱えている児童生徒などが在籍している場合もあります。

さらに，学習面でいえば，典型発達の者の間においても認知スタイルや学習スタイル（learning styles）は様々であり，一人ひとりが多様な存在であることが近年指摘されています。こうした一人ひとりの多様性に応じる教育について，AI（人工知能）の活用により，新たな指導形態，学習形態が今後提案されていくでしょう。

しかし，その際には，教育者（AIによる指導も含む）がどう教授するかの視点だけではなく，学習者が自らの学習の主体者（エージェント）として，自律的に，主体的に学習に取り組むことをも，実践レベルで今後実現していく必要があるでしょう。

本稿では，筆者がこれまで取り組んできた「『学び方』を自分で選ぶ授業・学習」の実践についてご紹介します。この実践紹介を通じて，発達障害のある児童生徒を始め，多様な学習者を受けとめてくれる未来の教育の方向性を考えてみたいと思います。

❷ 子どもに合った「教え方」：ユニバーサルデザインは１つではない

学びのユニバーサルデザインのガイドライン（CAST，2011）では，障害の有無に関わらず一人ひとり学び方が違っているという前提にまず立たなければならず，ユニバーサルデザインというのは，みんなにとっての最適な「一つ」の解決方法を見つけることでなはく，認知特性や学び方が様々に異なる多様な学習者のニーズを満たすために，「複数のアプローチ」の選択肢が用意されていることであると述べています。

さらに，CAST（2011）はOne size fits all（１つのものを全員に当てはめること）を批判し，「みんなにとって最適な一つの解決方法」はあり得ず，ユニバーサルデザインではないとしています。「ユニバーサル」という語感からすると，ユニバーサルなものは一つである，という考えにとかく陥りがちなので，複数のアプローチを用意することによってみんなのニーズを満たすという発想は，大変注目すべき視点です（涌井，2016b）。

日本においても，「複数のアプローチ」の選択肢を用意することは，それほど難しいことではありません。例えば，作文の授業において，枡目や行間の大きさが複数の種類ある原稿用紙を用意することは，比較的容易にできることです。

さらに，教師が学びの手立てを用意するだけでなく，子どもたちが自分自身で学び方を工夫することで，子どもの学び方に合った授業を実現していくという方法もあります。筆者は，ハワード・ガードナーが提唱した８つのマルチ知能と，発達障害のある子どもの認知特性も加味して独自に設定したやる気・記憶・注意（「やる・き・ちゅ」と子どもたちには略称を使って説明する）の観点（８

＋３＝11の観点）から，子ども自身に学習方法を選択させ，工夫して考えることを付加した学び方選択式の協同学習によって，「複数のアプローチ」を子どもたちに用意し，それを子ども自身が選ぶ授業を提案しています（詳細は涌井（2015, 2016a）を参照）。

図5-1（次頁）は，子どもたちに配布している下敷きです。これには，マルチ知能とやる気・記憶・注意（「やる・き・ちゅ」）の説明が記されています。マルチ知能の原語はmultiple intelligencesで，多重知能と翻訳されることもありますが，子どもたちにとってmultipleを「多重」と訳すのでは，意味理解が難しいだろうということから，「マルチ」という翻訳を採用しています。また実際の授業では，子どもたち，特に小学校低学年の子どもには「知能」という言葉は難しいだろうという判断から，「マルチの力」，「マルチピザの力」などといって「知能」という言葉は使わずに説明しています。

3 「学び方」とは

実践事例紹介の前に「学び方」という用語の定義について押さえておきます。「学び方」という日常の言葉が使われる時，集団指導と個別指導という学習形態の意味で使われる場合と，学習方略（learning strategy）や学習スタイル（learning styles）の意味で使われる場合があるようです。

本稿においては，「学び方」とは学習方略（learning strategy）や学習スタイル（learning styles）を指すこととします。学術的な文章では学習方略や学習スタイルと記述すればよいのでしょうが，実践研究では児童に「学び方」という用語を使ってそれを活用することを指導しているため，そのままの表現とします。

さて，学習方略は「学習の効果を高めることをめざして意図的に行う心的操作あるいは活動」と定義され（辰野，1997），具体的には，研究者により様々な分類やカテゴリーが挙げられています。例えば，リハーサル，精緻化，組織化，理解のモニタリング，感情の知覚など，様々な方略存在が明らかになっています（Weinstein & Mayer, 1986; Winne, 2001, 2011）。

自己調整学習研究においては，Zimmerman & Martinez-Pons（1986）が，

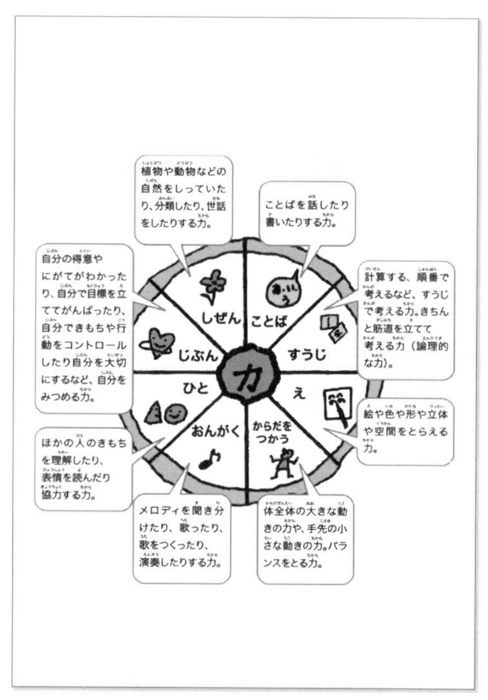

図5-1　子どもに配布している下敷き（涌井，2015，2016a）
［上段は表面のマルチ知能のポスター。下段は裏面のやる・き・ちゅ（やる気・記憶・注意）の説明。マルチ知能ポスターは大きく拡大印刷して教室に掲示してもよい］

学習場面や課題を仕上げる際に活用している方略として，自己評価，体制化，目標設定，情報探索，モニタリング，環境構成，他者への支援の要請（仲間，教師，他の大人），見直し（テスト，教科書，ノート），リハーサルなどを明らかにしました。

一方，学習スタイルは，「学習の際に好んで用いる認知活動，学習活動の様式・方法」（辰野，1989）と定義されます。学習スタイルには，例えばFleming & Mills（1992）のVARK モデル（visual：視覚，auditory：聴覚，Read/Write：読字/書字，kinesthetic：運動感覚）といった分類があります。学習スタイルに関する研究や教育実践では，子どもの個人差，すなわち個々の学習スタイルの違いに応じた指導方法によって教育的効果を上げようと試みられてきました。

ただし，VARK モデルによる授業については，好きな学習スタイルで取り組んでも，それが学習成績の上昇につながらないという批判（Pashler, McDaniel, Rohrer, & Bjork, 2008）もあります。

おそらく，これは，次のことが原因でしょう。どの学び方が自分に適しているかは，解答として求められているアウトプットの反応様式（書字か，運動動作か，描画か等），その学習課題の性質・特徴，自己の置かれている状況や，既に獲得している知識やスキル，自己の個人的な経験や思い出との関連性に影響されるため，どの教科においても，どんな時にも同じという訳ではないからです。つまり，「あなたは視覚的な処理が得意だからこの方法」と，いつも固定的に決まっているものではないからと言えます。

したがって，選んだ学び方が解答を求めるために効果的でなければ，違う方法を見出すよう指導することこそが，これからの教師に求められることであると考えます。

著者の提唱する学び方選択式の協同学習（涌井，2015, 2016）では，課題や自分にあった学習方略を見出すための観点として，８つのマルチ知能とやる気・記憶・注意の計11の観点を子どもたちに提示しています。これらの観点を手がかりに，子どもたちはいくつかの観点を組み合わせて，様々な具体的な学習方略を考えていきます。したがって，学習方略というよりも，認知活動や学習活動の様式に対応して分類される学習スタイルに近いともいえます。しかしながら，観点をいくつか組み合わせることを前提とし，その組み合せは膨大な数であるということは，他の学習スタイルの分類とは大きく変わっています。

❹ 子どもが自分や課題にあった「学び方」を選び使いこなすことを指導・支援する：国語科の物語文「お手紙」における実践事例

実践事例として，栃木県公立小学校の堀川知子教諭による小学２年生国語科の物語文「スイミー」（光村図書）の「三の場面」（海にある，虹色のゼリーのようなクラゲなど，すばらしいものやおもしろいものを見るたびに，主人公のスイミーが元気を取り戻していく場面）の授業を紹介します（図5-2）。

この授業（本時）の目標は，「スイミーの行動や場面の様子について，想像を広げながら読み，感想を書くことができる」で，子どもたちには，「スイミーがしたことや言ったことに気をつけて読み，スイミーに言ってあげたいことを書こう」というめあてを提示しました。

このめあてに迫るために，山場の活動において，①挿し絵を描く（主に「え」に力を使うことを想定），②音読・ペープサート劇（主に「からだ」や「ひと」の力を使うことを想定），③お魚ボーン図（思考ツール；海の中のものについて，すばらしい理由や根拠を書き入れる）（「え」や「ことば」などの力を使うことを想定）という３種類のプリントと，④まとめのシート（「スイミーの日記」と，「スイミーへの応援メッセージ」を書き込むもの），使う／使った学び方をチェックし，学習内容を自己評価する⑤ふりかえりシートを用意しました。

まず，教師は，これらのプリントに取り組む前に，前述したマルチ知能ややる気・記憶・注意のうち，どの力を使うと上手くいきそうか，どんな風に使うと課題解決できそうか子どもたちに尋ねます（人間の行動は複雑で，大抵の学習活動は一つの力だけでなく，いろいろな力が組み合わさって遂行されており，一つの課題解決方法とある力とが，一対一対応になっている訳ではありません。詳しくは涌井（2015）を参照）。そして，子どもたちから出てきた課題解決の方法を，黒板に掲示したマルチ知能とやる・き・ちゅの模型（図5-3）の横に書き出していきます。そして，教師は，自分はどんな力を使って課題に取り組

「え」の力を使う**【挿し絵を描く】**

「からだ」や「ひと」などの力を使う**【音読・ペープサート劇】**

「え」や「ことば」などの力を使う**【思考ツール】**

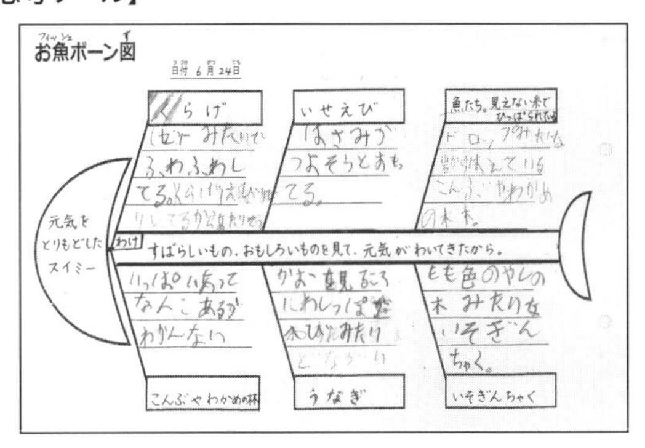

図5-2　授業者が提示した課題解決の方法

上段は挿絵を描くことで，中段は音読とペープサート，下段はお魚ボーン図（思考ツール）を使うことで主人公の気持ちの理解に迫ろうとするもの。

みたいか尋ね，⑤ふりかえりカード（図5-4）のマルチピザとやる・き・ちゅの図に鉛筆で○をつけるよう指示します。

なお，この活動は，自己調整学習における子どもたちにどんなことをやれば良いのかの予見（Zimmerman, 1998）やプランニングを促す大切な活動となっています。

さて，子どもたちは，自分の学びやすい，考えやすいプリントを①～③の中から自分で１枚選び，学習課題に取り組みます。やり始めた後からも，プリントを変更してもよいとしています。大体の目安として，教師は同じような学び方をしようとしている子どもたちの活動場所を伝え（「ペープサートでやってみる子は黒板の前で」など），グループのメンバーや人数は自然発生的なまとまりに任せます。同じプリントを選んだ友達同士で机を寄せて，ペアやグループで交流をしながら取り組む子どもたちもいれば，一人で作業しながら，たまに同じ方法で取り組んでいるグループに顔を出す，といった子どももいてもよく，実際そのような子どももいました。

その後，それぞれの学び方からグループまたは個人を選んでそれぞれが学んだことを書き込んだプリントを使ったり，劇を実演したりして発表をし合いな

図5-3　教室に掲示しているマルチ知能とやる・き・ちゅの模型（涌井, 2016）

がら，読み取った登場人物の気持ちや意見などを出し合っていきます。

授業のまとめとして，④まとめのシートに取り組みます。文中の大事なキーワードを書き込むことで完成する「スイミーの日記」と，感想を「スイミーへの応援メッセージ」という形で書いていきます。

さらに，学習のふりかえりとして，ふりかえりカード（図5-4）への記入を行います。学習課題の解決のために使ったマルチ知能等をか赤色鉛筆で塗り，学習課題内容について自己評価（◎○△×）します。こうすることで，自分がどんな風に頭を使ったのかふりかえることができます。中・高学年の授業の場合は，行った方法が効果的であったか，次回も使ってみるかどうかについてのふりかえりを付け加えることもあります。

山場の活動は，自由度が高く，その場面だけを切り取ると国語の授業には一見みえないのですが，どの子どもも，それぞれの方法で，実に主体的にいきいきと集中して活動し続けていました。また最後のふりかえりカード（図5-4）に記入する時間では，普段多動で授業に参加することが難しい子どもも，授業後もスイミーへの応援メッセージを書き続け，表面の枠では足りず裏面にまで書き綴ることが見られました。授業者によると，マルチ知能を使った活動をす

ふりかえりカード

【学習課題に取り組む前】
- どのマルチ知能等を使うか黒色鉛筆で○をつける

【授業の最後に】
- 学習課題を解決するために、どのマルチ知能等を使ったか赤色鉛筆で塗る
- 学習課題内容について自己評価する

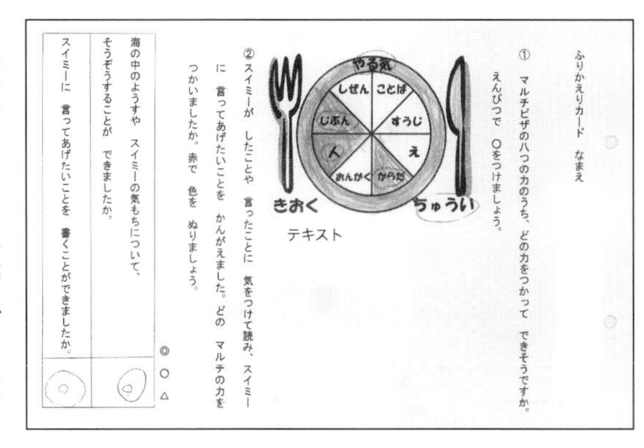

図5-4　ふりかえりカード

ると，書きたいことが子どもから湧き出てくる様子がよくみられるとのことでした。

本授業の授業研究では，授業者や参観者から本授業の成果等として，「友達のよさが分かり，友達をほめたり，得意な友達に助けを求めたりする様子があった」，「学び方が選べることによって，『うまくできたから，次もこの学び方でやってみよう』『次は違う学び方を選んでやってみよう』と，単元を通して前向きな気持ちになる」，「自由度が高いので，動きの大きい（多動の）子どもも参加できる。」，「（様々な学び方を許容する活動の中で，互いによいところがあることを知っていくので）動きの大きい（多動の）子，話の苦手な子を排除しない」

といった意見が出されました。様々な学び方を許容する授業は，多様な人への受容的態度を育成することに繋がることが示唆されます。

5 おわりに

授業のユニバーサルデザイン化は，決して，課題を易しくして全員が出来ることを目指すものではありません。紹介した実践例のように，学ぶ過程を複線化し選べるようにすることで伸びる子どもたちも多くいます。学習の方法を選べること，自ら選んだ方法を自分で工夫して取り組むという授業の枠組みは，子どもの動機付け（やる気）を引き出し，また，自分とは異なる学び方をする多様な人への受容的態度を育成することに繋がることが示唆されます。学校全体で取り組めば，多様性を包容するインクルーシブな学校づくりにも寄与するでしょう。

今後の教育の方向性としては，学び方を選べること，自ら選んだ方法を自分で工夫して取り組んでいくことを促す授業の組み立てをしていくことが重要になっていくと考えます。

教育者（AIによる指導も含む）がどう教授するかの視点だけではなく，学習者が自らの学習の主体者（エージェント）として，自律的に，主体的に学習に取り組むことをも，実践レベルで今後実現していく必要があります。

文献

CAST (2011). Universal Design for Learning Guidelines version 2.0. Wakefield, MA: Author.

Fleming, N.D. & Mills, C. (1992). Not Another Inventory, Rather a Catalyst for Reflection. To Improve the Academy, 11, 137–155.

Pashler, H., McDaniel, M., Rohrer, D., & Bjork, R. (2008) Learning Styles: Concepts and Evidence. Psychological Science in the Public Interest, 9 (3), pp.105–119.

辰野千尋(1989). 学習スタイルを生かす先生. 図書文化社

辰野千尋(1997). 学習方略の心理学. 図書文化社

涌井恵(2015). 学び方にはコツがある！その子にあった学び方支援. 明治図書

涌井恵(2016a). 通常の学級における特別支援教育実践：ユニバーサルデザインな学級づくり, 授業づくり, 自分づくり. 発達障害研究, 38(1), 381-390.

涌井恵(2016b). 授業と学習のユニバーサルデザインに関する研究の発展に向けて. 授業UD研究, 第2号, 12-16.

Weinstein, C. E., & Mayer, R. E. (1986). The Teaching of Learning Strategies. In M. Wittrock (Ed.), The Handbook of Research on Teaching (pp.315–327). New York: Macmillan.

Winne, P. H. (2001). Self-regulated Learning Viewed from Models of Information Processing. In B. J. Zimmerman & D. H. Schunk (Eds.), *Self-regulated Learning and Academic Achievement: Theoretical Perspectives* (p.153–189). Lawrence Erlbaum Associates Publishers.

Winne, P. H. (2011). A Cognitive and Metacognitive Analysis of Self-regulated Learning. In B. J. Zimmerman & D. H. Schunk (Eds.), *Educational Psychology Handbook Series. Handbook of Self-regulation of Learning and Performance* (p.15–32). Routledge/Taylor & Francis Group.

Zimmerman, B. J. (1998). Developing Self-fulfilling Cycles of Academic Regulation: An Analysis of Exemplary Instructional Models. In D. H. Schunk & B. J. Zimmerman (Eds.), Self-regulated Learning: From Teaching to Self-reflective Practice (p.1–19). Guilford Publications.

Zimmerman, B. J. & Martinez-Pons, M. (1986) Student Differences in Self-regulated Learning: Relating Grade, Sex, and Giftedness to Self-efficacy and Strategy use. Journal of Educational Psychology, 82, 51–59.

第６章

ユニバーサルデザインからみた これからの授業づくり
――子どもの多様なつまずき方から学ぶ

星槎大学大学院
阿部利彦

❶ 巡回相談の事例から

「昨年度は授業中に突然キレていたアルトさん（仮名，以下，子どもの名前はすべて仮名です）が，今年は見違えるように落ち着いて授業に参加できている」と聞くと，現場では「担任が変わったからではないか」と言われることがあります。この「『担任が変わった』とはどういうことか」と考えてみますと，もちろんお子さんへの個別の関わり方の違いも関係しているのですが，「その先生の授業がわかりやすい，楽しい」ということもよい影響を与えていると思われます。

アルトさんのように気になる行動が目立つお子さんの場合，特別支援教育ではまず「個別支援をどうするか」という発想になりがちです。校内の特別支援教育委員会などでは，知能検査をとる必要性，医療機関との連携のあり方，通級での支援あるいは支援員の加配などについて検討がなされます。そこでアルトさんはADHDではないか，という話にもなるのですが，しかし「彼はどのような場面でイライラするのだろう」「なぜ国語の時間になると興奮しがちなのだろう」という話には至らないわけです。さらには「担任が変わってアルトさんもキレにくくなった」となると，もう検討会は開かれなくなり，「どうして穏やかになったか」「どうして授業に参加できるようになったのか」については取り扱われなくなってしまいます。

私は，巡回相談で通常学級を訪問する際，「その子がどうして授業に参加できるようになったのか」を分析することを重要視します。アルトさんの事例では，担任の先生は国語の時間に，見通しを持たせる工夫，登場人物の気持ちの変化を視覚化する工夫，発問の工夫をさりげなく取り入れていました。「今は何をする時間か」「どう取り組めばいいのか」「この課題のゴールはどこなのか」が明らかになり，「これならできそう」「やってみたい」と思えるようになったことが，彼の変化のきっかけになっていると推察できました。先生のこの取り組みは，アルトさんだけに効果があったわけではなく，クラスの他の子どもたちにとっても安心して学習できる土台となっていました。

つまり，まずは「いつもの授業をよいものにしていく」ことで，特別な支援が必要な子どもだけでなく，周囲の多くの子どもたちにもより充実した学びの時間を提供できるわけです。「できるだけ多くの子どもに充実した学びの時間を」，これが授業のユニバーサルデザイン化が目指す方向です。

2 「どう教えるか」だけでなく「子どもたちが学べているか」をおさえる

これまで20年ほど巡回相談をしてきましたが，私も最初のうちは子どもの行動上の変化に着目していました。「興奮する場面が減った」「離席が減った」「ノートに書くようになった」「先生の話を聞くようになった」などです。

しかし，そのうち「ノートに書いている」だけでなく，その子が「ノートに何を書いているか」に着目するようになりました。授業に参加してさえいればよしとするのではなく，授業のポイントをつかむことができたか，自分の考えをまとめられたか，新しい見方・考え方にたどりついたか，といった「学びの質」を丁寧に把握することが大切だと考えます。

しかし残念ながら，子どもが授業に参加してはいるものの「よく学べていない」という状況については，あまり注意を払わない先生が多いのも実情です。授業のユニバーサルデザイン（UD）化に取り組んでいる学校でさえ，どう教えるかには熱心でも，どう学べているかの把握に力を入れているところは少ないのです。

そこで，私が実践研究をしている学校では，子どもの学習面における実態把握にも重点をおいています。授業中の子どもたちの反応，なかでも，子どもたちがどこでつまずくか，どのように間違えるか，を知ることが授業UDをさらにバージョンアップさせるための鍵となるからです。

❸「物語文の理解」についてのつまずき

国語科の授業では「本文に文字では記述されていないこと，文意」を想像する活動が多く含まれ，それには行間を読む力が求められます。登場人物の気持ちやその変化については，国語の授業で何度も何度もとりあげられます。

例えば『大造じいさんとガン』(小学校５年生) には，「東の空が真っ赤に燃えて，朝が来ました」という一文があります。ここから多くの子どもたちは，大造じいさんの「やる気」「気合い」をイメージします。

この「真っ赤」のように，この物語には色が多く登場しますが，これらは登場人物の気持ちを表しています。加えて，第１，第２場面で大造じいさんの気持ちの変化を追っていくことによって，クライマックスであるこの第３場面の真っ赤な「ファイティングスピリッツ」が読み取れるわけです。

しかし，自閉スペクトラム症のイサムさんはこの文章を読んで「先生，どこかが火事なのですか？」と聞いてきました。この部分から残雪 (ガン) に戦いを挑む大造じいさんの心情を読み取れないと，この物語の主題を理解することはとても難しくなってしまいます。

『たぬきの糸車』(小学校１年生) では，第２場面でたぬきに対するおかみさんの気持ちが変化します。第１場面では単に「いたずらをするたぬきめ」と思っていますが，第２場面では，くるくる目玉を回したり糸車を回す真似をしたりするたぬきに対して「かわいいところもあるな」と思うようになるのです。

担任の先生は，自閉スペクトラム症のあるユアさんに「この場面でのおかみさんはたぬきのことをどう思ったかな？」と尋ねました。するとユアさんは「最初の場面 (第１場面) と同じです。変わりません」と答えました。先生はいろいろ説明を加えましたが，どうしてもユアさんは「おかみさんの気持ちが少し変化した」とは思えませんでした。

第２場面には「おかみさんは思わずふき出しそうになりました」ともあり，ここにもおかみさんの気持ちの変化が示されています。先生はこの場面を再現し，ユアさんと一緒に動作化してみました。先生が両手で口をおさえて「ぷっ」と笑ってみせると，ユアさんは「そんな動作は書いていないのに，どうしてわかるんですか」と質問し，さらに「ふき出したからといって，おかみさんの気持ちが変わったかどうかはわかりません」と言ったのです。ユアさんだけに関わってもいられないので，止むを得ず先生はまとめに入りました。

後でよく話を聞くと，第２場面で「おかみさんの様子を障子の穴からのぞく」というたぬきの行為は悪いことであり，また「おかみさんの真似をする」こともいたずら（真似されるのは人によっては不快なこと）なので，第１場面でも第２場面でもいたずらをする悪いたぬきであることに変わりない，だからおかみさんの気持ちも変わらない，というのがユアさんの捉え方なのでした。

イサムさんもユアさんも，登場人物の気持ちの変化をうまくつかめていないために，物語の主題の読み取りにつまずいてしまったのです。

4 物語文における授業の工夫

アーノルド・ローベルの『お手紙』（小学校２年生）について様々な指導案を集め検討してみると，かえるくんとがまくんに焦点化している授業づくりがほとんどです。

しかし，印象に残ったことを子どもたちに聞いてみると，意外にも多くの子が「かたつむりくん」と答えますし，『お手紙』の情景を描かせると，かえるくんがかたつむりくんに手紙を渡し，かたつむりくんが「よし，やるぜ」と言っているシーンが多いのです。子どもたちの心にひっかかっているのは「なぜ，ゆっくり動くかたつむりに手紙を運ばせるのか」ということです。実際の挿絵にはそのような描写はないのですが，子どもたちの絵には，かたつむりくんが郵便配達員風の帽子をかぶっていたり，カバンを持ったりしている描写が散見されます。「かたつむりくんは郵便配達員なので，かたつむりくんに配達をたのむしかない」と思いこんでいる子もいるようでした。

実は，『お手紙』には作者のしかけが二つあります。一つは，あえてかたつむりくんに手紙を託したこと，二つめは，手紙が届く前にその内容をかえるくんががまくんに教えてしまうというネタばらしです。この二つのしかけがあることによって，手紙が届くのを仲良く並んで待つ二人，というエンディングがより味わい深いものになってきます。

ですから，子どもがかたつむりくんに着目することは作者のメッセージをしっかり受け取った証なのです。このかたつむりくんという「しかけ」を授業に取り入れることで，子どもたちの読み取りの感度を高めることができます。

例えば「かたつむりくん以外に手紙の配達を頼むとしたら，どのような生き物が考えられるか」という問いかけをすると，授業はより楽しくなり，子どもたちも主体的になります。ペアの話し合いもできるでしょう。「鳥が速くていいんじゃない？」「えー，鳥はがまくんを食べちゃうかもよ」「じゃあ，馬は？」などと対話が弾むかもしれません。「この時の登場人物の気持ちを考えよう」という課題よりも，子どもらしい発想が広がるのではないでしょうか。

冒頭のアルトさんの担任の先生は，『ごんぎつね』(小学校４年生) の実践で「ごんの気持ちグラフ」を使い，気持ちの見える化を取り入れました (図6-1)。例えば，物語の最後，兵十がごんを火縄銃で撃った後，ごんのこれまでの行い (栗などをこっそり届けてくれていたこと) に気づき，「ごん，おまえだったのか」と言葉をかける場面では，ごんはうなずきながらどんな気持ちだったかを考え

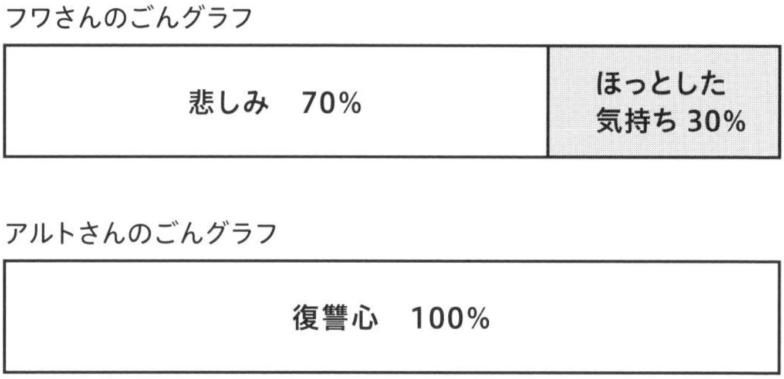

フワさんのごんグラフ

悲しみ　70%	ほっとした気持ち 30%

アルトさんのごんグラフ

復讐心　100%

図6-1　ごんの気持ちグラフ(ごんグラフ)

てグラフにします。この気持ちのグラフ化は授業のUDでは「視覚化」と言われる手法です。

授業の準備としては，このグラフの用意だけでなく，「アルトさんだったらこのグラフにどう書くか」と予想しておくことも必要になります。これまでの学習や生活の場面から，おそらく「怒り100％」か「大噴火100％」などと書くのでは，と先生は予想しました。実際のアルトさんの回答は「復讐心100％」でしたから，先生の予想はほぼ的中していました。

アルトさんの先生はこれまで子どもたちに，答えが1つの場合もあれば複数ある場合もあること，さらには，答えが決められない場合もあること，を繰り返し指導してきました。また，いろいろな考え方や見方があってもよいこと，そして，人と違うことを恐れなくてよいことも強調し，失敗や間違いにも価値があるのだと伝えてきました。これらの指導は，アルトさんの考えにもかなりよい影響を与えました。

授業は，最初にごんの気持ちを考えてグラフにし，その後ペアで，次に全体で話し合い，最後に再びごんの気持ちグラフを書いてみるという展開にしました。最初のグラフと書き換えても両方同じグラフでもどちらでもいいよ，とあらかじめ伝えました。

子どもたちからは様々な意見が出ましたが，結局アルトさんの「復讐心100％」という考えは変わりませんでした。しかしながら，授業の締めくくりに書く「ふりかえり」には「自分がごんだったら怒りや復讐心しかわかないけれど，他の人の意見を聞いて，いろいろな可能性があると思いました」と書かれていました。他者の意見を今まで全否定してきたアルトさんの心のストライクゾーンが広がった可能性が感じられました。

ところで，ごんの最期が「復讐心100％」だというアルトさんの考えは間違いでしょうか？　私は間違いとは言えないと思いますし，そういう考えを否定する必要もないと思います。ただ，作者の新美南吉は初稿で「ごんはうなずきながらうれしくなりました」と，教科書とは違うエンディングにしています。アルトさんにそのことを伝え，この一文についてどう思うか，教科書の終わり方とどちらが好きか，などと聞いてみるのも面白いかもしれません。

国語に正解というものはない，とよく言われます。しかし，筆者の主張や主題から大きく外れることなく文意をつかめるような「読み方」のコツを身につけることは，授業での問題解決だけでなく，その子の人生の生きやすさにつながる学びなのです。その子（その人）が損をしたり，仕事で大きなミスをしたり，誰かに迷惑をかけたりすることがないように，人生で出会う様々な文章をより適切に読み取ることができる力を培う。そのために，私たちは授業のUD化を通じて子どもたちに合った学び方を探す役割を担っているのです。

5 算数科におけるつまずきと授業の工夫

算数科の授業づくり，分数（小学校２年生）では，分数の意味と表し方を理解させるために，ある学校で折り紙（正方形）を使った実践を行いました。具体物を使って抽象的な考え方を視覚化する支援として，折り紙を真ん中で２つに折り，元の大きさの半分になることを実感させる取り組みです。

黒板には，上下で半分に折った折り紙を２枚掲示し，下半分も上半分も同じ1／2の大きさであることを示しました。しかし，これを見て，算数が苦手なジンさんは，左の折り紙は二分の一なのだから，右の折り紙は一分の二だ，と誤った解釈をしてしまいました（図6-2）。このようなつまずき方は先生にとっ

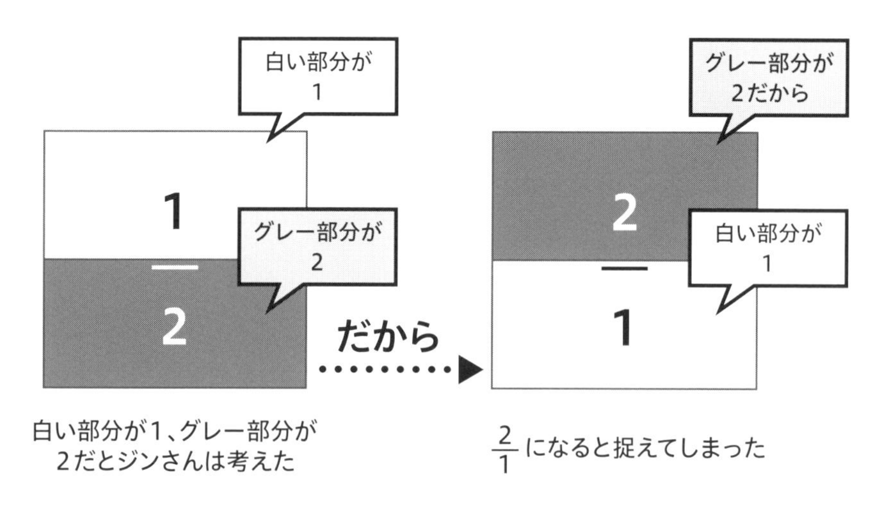

図6-2　ジンさん（仮名）の考え方

て予想外でしたが，ジンさんの質問からそのつまずきに気がつき，なんとか修正することができました。

次時は，１／４について学ぶ授業です。今回は「折り紙を同じ大きさで４つに分けてみよう」という活動です。子どもたちは真面目に取り組みましたが，実際には先生の意図とのズレが生じました。子どもたちは，分け方ではなく折り方に焦点化されていったのです。どう折るか，あるいは友だちと違う折り方はないか，と考えることに懸命になってしまい，「元の大きさを４つに分けた１つ分が１／4である」という授業のポイントが定着しませんでした。

①の正方形，②の三角形，③の長方形が同様に元の大きさの1/４であること，また形は違っても①=②=③=１／４であること，が子どもたちに伝わらなくなってしまったのです（図6-3）。

事前の指導案検討の際にも，「折るだけでなく，ハサミで切り離す方が『分ける』ことを実感できるのでは」という意見が出ていました。しかし，児童の

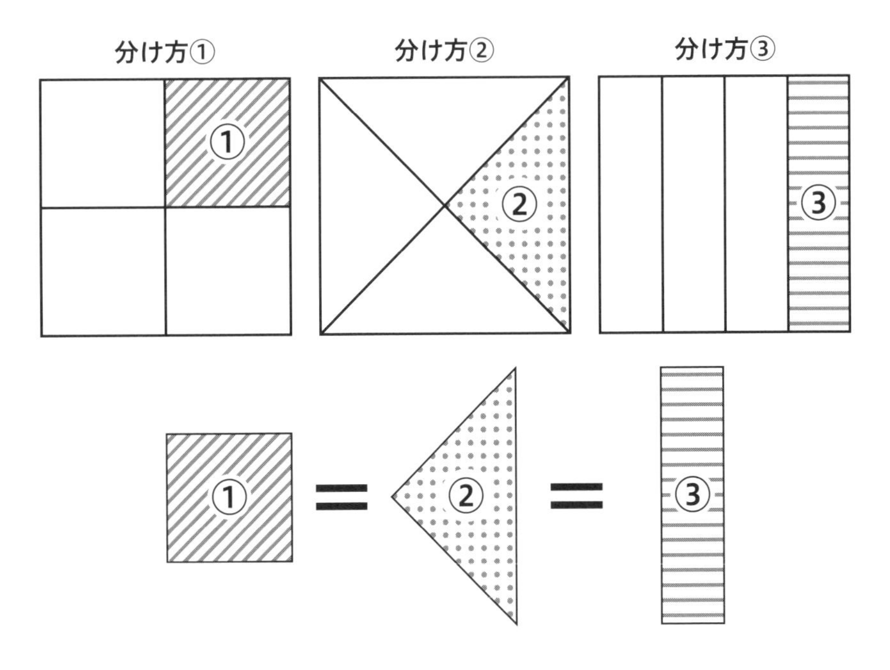

図6-3　四分の一の分け方

机上に多くの物を置くと整理が大変であること，手の巧緻性に課題がある子も多いため作業に時間がかかる可能性があること，さらには切った紙をどうするか，といった問題もあり，ハサミの使用をやめたという経緯がありました。

このように，算数の授業では，算数ブロックや教具の時計などが手いたずらのきっかけになったり，机上の整理が難しくなったりするため，具体的な操作がかえって子どものつまずきを生むおそれがあります。授業のUD化として体験を取り入れる際には，学べる利点と，反対に学びから乖離してしまうリスクとを両面で検討しなくてはならないのです。

授業後の反省としては，児童でなく先生がハサミで実際に切って見せるか，パワーポイントなどで分割による変化を見せることにより，４分割のイメージを子どもたちと共有できたかもしれないという意見が出ました。そして，次時では，前時のポイントをしっかりおさえ直し，スタートラインをそろえたところで１／８にむすびつけていこう，ということになりました。

さて，学びの多様性という点で言えば，クラスにはつまずきのある児童だけでなく，より高度な視点を持った児童もいます。例えば，このクラスではガイさんが図6-4のような折り方を示しました。折り紙を16個の正方形に折り，その４個分を示し，16個のうちの4個ずつが１／４であると説明したのです。

先生はこの考え方が出ることは予想していなかったので，あまりとりあわずに授業を進めてしまいましたが，これはもったいない話です。このような場合，

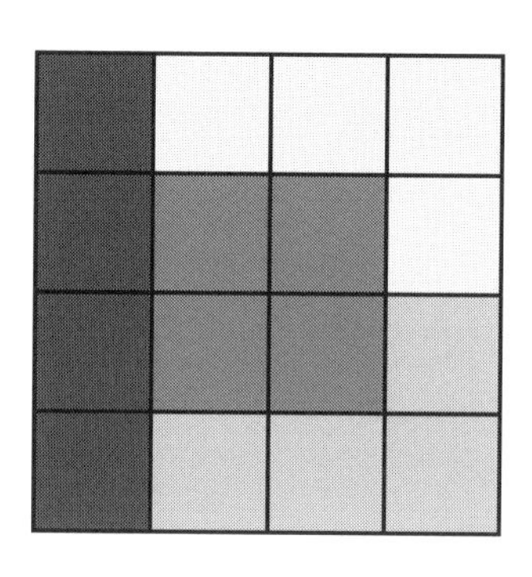

図6-4　4/16が1/4であると考えた例

他の子にはまだ理解できず，全体でガイ君の考え方を共有化できないかもしれませんが，せめて先生がしっかり共感，共有してあげましょう。あるいは「この考え方はすごいけれど，今日ではなく次回の１／８のお勉強の時に考えるね。ガイさん待っててね」というような対応もできると思います。

多様な見方・考え方の共有を心がけていても，授業の展開上，先生がその場で取り扱うことが難しい見方・考え方もときには出てきます。そういう時のユニークな意見も大切に扱おうとする先生の柔軟な対応が，学び方の多様性を保障する授業の土台を作っていくのです。

6 子どもの「理解のズレ」から学び，授業をデザインする

より多くの子どもたちにとってわかりやすく，学びやすい，ユニバーサルデザインを取り入れた授業を工夫したとしても，子どもたちの学び方は多様であり，こちらの想定と「ズレ」が生じる場合があります。特別支援教育の担当者であれば，読み書きや認知のトレーニングに力を入れると思われますが，通常学級における教材研究にもあわせて取り組んでいかなくてはなりません。さも

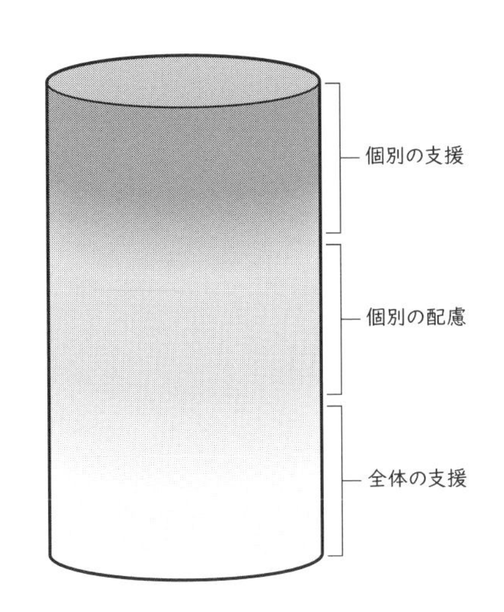

図6-5　流動的な3層の支援構造

ないと，授業には参加できているけれど学習内容が理解できていなかったり，間違った捉え方をしてしまったりと，発達が気になる子どもたちの学習のズレがどんどん大きくなっていくおそれがあるからです。

そこで，例えば，子どもたちは分数の授業でどのようにつまずくのか，多様なつまずきの例を集めた上で，担当する子どもはどうつまずきそうかの予測が立てられるようにする。そして，通常学級の先生の授業づくりに協力し，つまずきを減らす授業展開を工夫する，あるいはつまずいた際の個別の支援について検討する，という連携が必要になります。

さて，これからの教育というのは，個別支援と全体支援（授業）がはっきり線引きされるのではなく，図6-5のような，マーブルに，流動的に交じり合う形が理想でしょう。また，個別支援は一部の児童・生徒限定である必要はなく，どの子も受けられるべきだとも考えます。多様な子どもたちの学び方に合った個と全体の支援をユニバーサルに受けられるような教育が求められてくるのではないでしょうか。

第７章

授業で満足度を高める学校づくり

多治見市立笠原中学校
中嶋信啓

❶ 陶都中学校の特別支援教育について

今回，私が紹介する実践は多治見市立陶都中学校での実践です。私は校長として2016年度から2018年度の３年間勤務させていただきました。当時の陶都中学校は文部科学省の「発達障がいの可能性のある児童生徒に対する早期からの支援事業」などいくつかの指定を受けて特別支援教育の推進に取り組んでいました。

2017年度からは文部科学省の「発達障がいに関する教職員等の理解啓発・専門性向上事業」の指定を受けたことから，「陶都中学校インクルーシブ教育推進プラン」(図7-1) を作成し，特別支援教育にも力を入れました。兵庫教育大学の宇野宏幸教授や多治見市民病院の中野正大医師のアドバイスをいただきながら特別支援教育を中心とした学校経営を進めていました。

❷ 満足度とは

陶都中学校では，年に２～３回 (5月，9月，2月)「満足度調査」を行っていました。この調査は，生徒達が生徒会活動に主体的に関わることで，自分自身の生活をより良いものにするという目標達成度を検証するものです。この調査を実施しようと思ったきっかけは，アルフレッド・アドラーの言葉を本 (小倉，

2014）で読んだことがきっかけです。その本にはこう書かれていました。「『他者は私を支援してくれる』『私は他者に貢献できる』『私は仲間の一員である』この感覚がすべての困難からあなたを解放するだろう」。この言葉を聞いて，目の前の中学生がいろいろな悩みから解放され，充実した学校生活を送るには，自ら生徒会活動などに主体的に関わり，他者信頼，自己信頼，所属感という「共同体感覚」を養うことが大切であると感じました。そこで，この調査を行うことで生徒たちが，自ら生徒会活動に参加し，支援を受けている感覚，貢献している感覚，集団に所属している感覚を味わえるようにしました。この調査の項

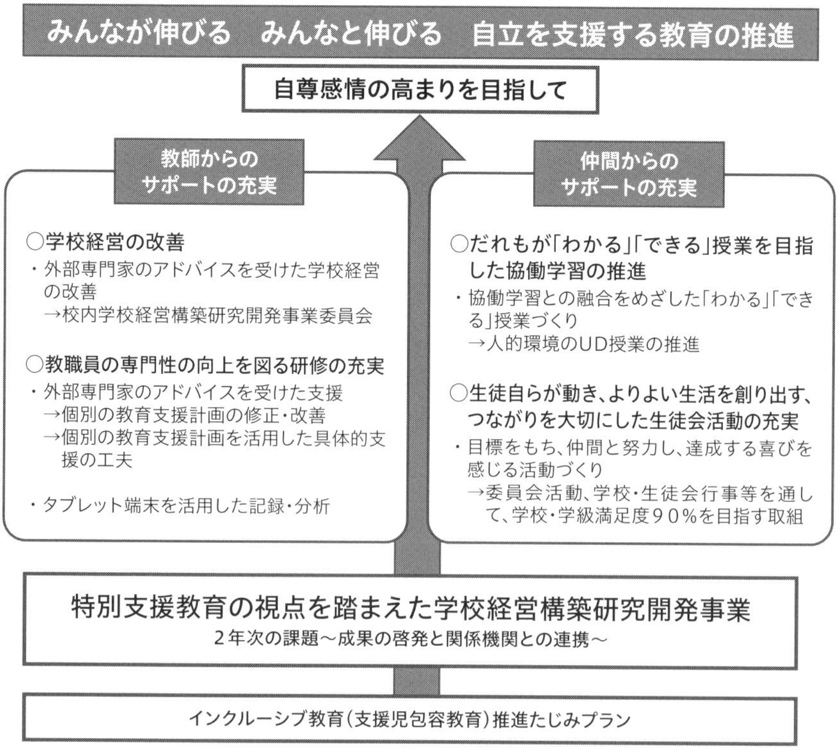

みんなが伸びる　みんなと伸びる　自立を支援する教育の推進

自尊感情の高まりを目指して

教師からの
サポートの充実

○学校経営の改善
・外部専門家のアドバイスを受けた学校経営の改善
→校内学校経営構築研究開発事業委員会

○教職員の専門性の向上を図る研修の充実
・外部専門家のアドバイスを受けた支援
→個別の教育支援計画の修正・改善
→個別の教育支援計画を活用した具体的支援の工夫

・タブレット端末を活用した記録・分析

仲間からの
サポートの充実

○だれもが「わかる」「できる」授業を目指した協働学習の推進
・協働学習との融合をめざした「わかる」「できる」授業づくり
→人的環境のUD授業の推進

○生徒自らが動き、よりよい生活を創り出す、つながりを大切にした生徒会活動の充実
・目標をもち、仲間と努力し、達成する喜びを感じる活動づくり
→委員会活動、学校・生徒会行事等を通して、学校・学級満足度９０％を目指す取組

特別支援教育の視点を踏まえた学校経営構築研究開発事業
２年次の課題～成果の啓発と関係機関との連携～

インクルーシブ教育（支援児包容教育）推進たじみプラン

図7-1　陶都中学校インクルーシブ教育推進プラン

目は以下の通りです。

1　あなたにとって，現在の挨拶は「いつでも，どこでも，だれにでも」になっていると思いますか。
2　あなたにとって，現在の合唱は充実した合唱になっていると思いますか。
3　あなたにとって，現在の掃除は「心を磨く掃除」になっていると思いますか。
4　生活委員会の活動に協力し，自分の生活を向上させていると思いますか。
5　学習委員会の活動に協力し，自分の学習活動を向上させていると思いますか。
6　情報委員会の活動に協力し，自分の生活を向上させていると思いますか。
7　図書委員会の活動に協力し，自分の読書活動を向上させていると思いますか。
8　給食委員会の活動に協力し，自分の給食活動を向上させていると思いますか。
9　保健委員会の活動に協力し，自分の健康を向上させていると思いますか。
10　あなたにとって，現在の陶都中学校は，岐阜県の中学校に自慢できる学校だと思いますか。

※質問に対して，「ア：とてもそう思う　イ：どちらかと言えばそう思う　ウ：どちらかと言えばそう思わない　エ：そう思わない　オ：わからない」で回答する。

この調査項目の全てにおいて，肯定的な回答（ア，イ）をする生徒が90%を超えることを全校の生徒・教師の目標にして様々な活動に取り組んでいました。この数値目標は校長の学校経営方針にも位置付けられ（図7-2），生徒と教師が共通の目標に向かって学校づくりを行っていました。

図7-3のグラフは2018年2月の調査結果です。調査項目が生徒会活動に沿っ

学校経営の全体構想

学校・生徒の実態

○東濃地区一の生徒数を擁し、そのエネルギッシュな可能性・多様性は本校の宝である。
○生徒会を中心として主体的に活動する姿が増えてきた。
○アクティブラーニングにつながる協働学習を進め、主体的に学習に向かう姿が多く見られる。
●自治力の育成及び不登校対策において、教育課程全般にわたって取り組んでいく必要がある。
●経験の浅い教師集団であり、相談・協力を大切にした学校運営が必要である。

学校の教育目標

□自主：自分で考え、判断し、目標に向かって根気よく努力する生徒
□創造：新しい考えや方法を身につけ、創り上げていく生徒
□協力：思いやりの心をもち、仲間と協力できる生徒

市教育の方針と重点

＜方針＞
◇一人一人に「生きる力」を育む指導をする。
◇学校の教育目標の具現に徹する学校経営をする。
＜主な重点項目＞
学校経営：全教職員が協力して活力ある学校経営をする。
研修：自己の課題を明確にし、主体的に研修を進め、確かな指導力を身に付ける。
生徒指導：共感的な理解に徹し、望ましい人間関係を築く力と自己指導能力を育てる。

願う学校像

岐阜県一の学校
～学校満足度90%～

平成28年度末の学校満足度

挨拶	70%
合唱	77%
掃除	84%
生活	87%
学習	83%
情報	75%
図書	74%
給食	88%
保健	89%
自慢	78%

今年度の重点施策

生徒も教師も同じベクトルで向かう取組

1　生徒自らが動き、よりよい生活を創り出す、つながりを大切にした生徒会活動の充実
2　学習目標を意識し、だれもが「わかる」「できる」授業を目指した協働学習の推進

図7-2　平成30年度 多治見市立陶都中学校学校経営構想

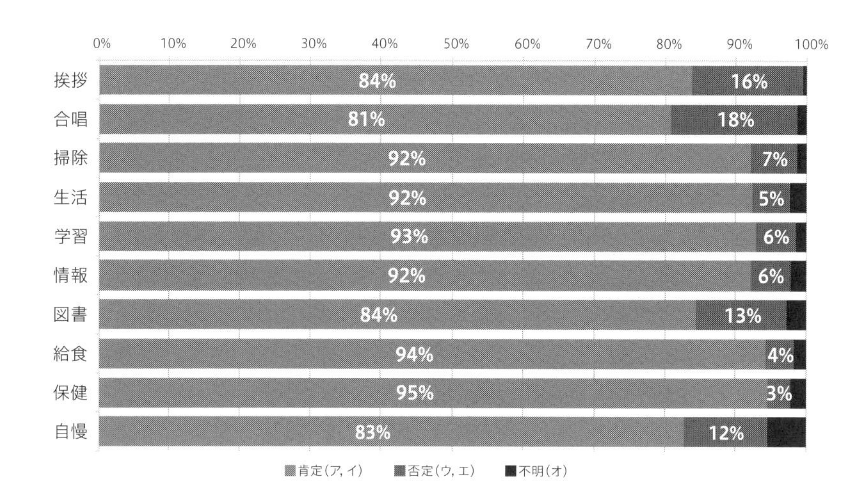

図7-3　陶都中学校に関するアンケート(2018年2月集計)

たものなので，満足度を上げるには生徒会活動や学級活動に積極的に取り組むことが求められます。しかし，学校生活で多くの時間を占めている授業も満足度を上げるために必要な取り組みでした。というより，協働学習に取り組むようになってからは，授業が満足度を上げる大きな要素となりました。

3 満足度を高める授業づくり

陶都中学校は，2016年度より多治見市教育課題研究指定を受け，協働学習に取り組み始めました。陶都中学校では，協働学習を「自分なりの考えをもった者同士が，学習効果を高める集団の下で，議論したり協力して作業したりする中で，より発展的な考えや生産物を創造する学習」と定義しました。

そして，2017年度には「ユニバーサルデザインと主体的な協働学習の融合」を研究テーマに，サブテーマを，「できる・わかる喜びを味わい，自信をもつことができる生徒の育成」として，研究発表会を行いました。

研究の概要は以下の通りです。

(1) 主題設定の理由

・主体的に仲間と関わり，生き生きと課題を追求する姿に弱さがある
・仲間と関わりながら，思考・判断することはできるようになってきたが，表現することに弱さが見られる
・多治見市教育研究会では，すべての子どもが楽しく「できる　分かる」ように工夫・配慮された「授業のユニバーサル化」を大切にしている
・今日的な課題として，社会の変化に主体的に向き合って関わり合うことのできる人材をつくる必要がある

(2) 目指す生徒の姿

仲間と共に対話したり，主体的に協働学習を行ったりする中で，共通の目標に向かって課題解決に取り組んだり，仲間に貢献したりして，思考力や活用力・表現力を高め，できる・わかる喜びを味わい，自信をもって活動する生徒

(3) 研究仮説

教師が,生徒のために,仲間と共に主体的な協働学習を行うための場を,ユニバーサルデザインの３つの視点を基に設定すれば,生徒は課題に対して,学習効果を高め合う仲間と共に主体的に関わり,できる・わかる喜びを味わい,自信をもつことができるであろう

そして,「教育環境のユニバーサルデザイン」「授業環境のユニバーサルデザイン」「人的環境のユニバーサルデザイン」の３つの視点を設定し,研究実践を進めました。実践内容は以下の通りで,いずれにおいても授業にユニット学習(導入・課題提示→個人追求→グループ追求→全体交流)を導入したことが特色です。

(1) 教育環境のユニバーサルデザイン

作業を見える化したり,板書を図式化したりすることで学びやすい環境を心がけました。また,学びを深めるためにホワイトボードで意見をまとめたり,教科書にない資料をiPadで探したりできる環境整備を行いました。

○学びやすい環境づくりの例
【国語科】図式化・チョークの色
【特別支援】机上の整理整頓
【美術科】作業の見える化

○学びを深める環境づくりの例
【理科】自分の考えと対比・深化・補充させる学習ノート等
【保健体育科】目的を明確にしたiPadとホワイトボードの活用

ここでは,理科の授業の実践を紹介します。この授業は1年生の授業「水溶液の性質」でデンプン,食塩,砂糖,グラニュー糖を実験で特定する授業でした。前時に実験を行い,その実験結果からグループでデンプン,食塩,砂糖,グラニュー糖を特定しようと活発な話し合いが進められました。この授業では,「学

びを深める環境づくり」の一つとして，自分の考えを深めるためにiPadで実験の様子を撮影し，次時の授業で実験の写真や動画を視聴して振り返り，それぞれの粉を特定する根拠を導いていきました。

○導入・課題提示

短時間で導入と課題提示を行っていました。

○グループ追究

実験の様子と実験結果をiPadで撮影しており，写真を見ながら白い粉を特定していきました。生徒はiPadの実験結果の写真を見直しながら，「なぜ特定できるのか」を説明できるように話し合いが進められていました。また，他のグループの仲間と相談したり，写真を見せ合ったりして活動が進められました。

また，グループ活動では，iPadを操作する者，グループの考えをまとめる者など一人ひとりが役割をもち，より積極的な活動が進められていました。

○全体交流

写真を大型モニターで見せながら，各グループの考察を発表していきました。

これらは，各教科での取組ですが，学校全体としては大型モニター，iPadやホワイトボードなどの環境整備にも力を入れました。生徒たちが，授業以外にもiPadを使うことができるように，各学級に1台ずつiPad miniを配布し，生徒会活動・学級活動等にも活用できるようにしました。また，ホワイトボード60枚とマーカーなども用意しました。

(2) 授業環境のユニバーサルデザイン

出口の姿までを見通すことのできる明確な課題を提示することで協働学習の土台を整えました。また，教師の出場を限定することで生徒が主体的に活動する時間を確保しました。

○出口の姿まで見通すことのできる明確な学習課題の提示の例

【数学科】既習の内容の提示

【社会科】課題と出口をつなぐ中心資料の位置付け

【音楽科】楽譜を用いた歌の視覚化

【保健体育科】出口の姿に近づくキーワードの提示

○主体的な協働学習を促す教師の出場の限定

【国語科】生徒の考えをまとめる言葉便覧

【英語科】仲間のよさを広げる・訂正し，よりよく発展させる出場

ここで，保健体育科の実践を紹介します。保健体育科では，保健分野の学習「健康な生活と病気の予防」において，キーワードを提示して協働学習を進めました。授業展開は以下の通りです。

○導入・課題提示

「喫煙がからだにとってどのような害を与えるのか理解しよう」という課題を提示していました。また，まとめるためのキーワード「有害物質」「未成年」を提示していました。

○個人追究

キーワードをもとに個人追究を行っていました。教科書をじっくり読み，自分の言葉でまとめていました。

○グループ追究

グループごとにまとめる内容が指定され，ホワイトボードにまとめていきます。教科書に載っていない内容についてiPadを使って調べている生徒もいました。

○全体交流

指名されたグループが発表しました。ホワイトボードと大型ディスプレイを活用して発表していました。　発表を聞く生徒は，わかったことを青色のボールペンでメモしていました。

○まとめ

本時わかったことを自分の言葉でまとめていました。

この授業に限らず，保健体育科の授業は，構造化（ユニット化）されていました。生徒たちは，構造化された授業とキーワードによって，授業の終末をイメージしながら安心して追求活動，交流活動を進めていました。その結果，まとめの場面では，すべての生徒が喫煙がいかに有害であるかを理解し，自分の言葉で学習内容をまとめることができていました。

（3）人的環境のユニバーサルデザイン

意図的なグループ編成を行うことで様々な発想を生み出したり，深い学びに結びつく交流をしたりしました。また，学習効果を上げるための集団育成を行いました。

○意図的なグループ編成の例

【国語科】様々な発想を生み出すための意図的なグループ編成
【英語科】会話活動におけるペアの組み換え
【保健体育科】保健に特化したグループ編成

ここで，国語科の実践を紹介します。紹介する授業は「少年の日の思い出」を教材にした授業です。「『僕』のエーミールに対する気持ちや結末の行動を考えよう」を課題に授業が進められました。普段の授業では生活班でグループ活動を行っていましたが，読み取りの得意な生徒，苦手な生徒を意図的に同じグループになるように編成し，様々な発想を生み出し，どのグループも意見が出てくるように配慮されていました。

○導入・課題提示
短時間で導入と課題提示を行っていました。
○個人追究
教科書をじっくり読み，ノートにまとめていました。教科担任の先生は赤ペンをもち，上手にまとめている生徒を認めていました。

○グループ追究

グループごとにホワイトボードにまとめていました。「グループ全員が発表できるようにすること」を約束とし，助け合えるグループ編成をしました。そのため，個人追究で困っていた生徒も仲間の意見をプリントに書き足しながら話し合いに参加したり，自分からわからないところを質問したりすることができました。その結果，活発なグループ追究により，個人の考えが深まりました。

○全体交流

指名されたグループが発表しました。ホワイトボードを活用してわかりやすく発表していました。グループ会でなかなか意見の出せなかった生徒も堂々と発表していました。

○まとめ

本時わかったことを自分の言葉でまとめていました。

○学習効果を高めるための集団育成の例

【数学科】生徒主体のスクランブル交流
【特別支援】お互いを尊重する言葉づかい
【技術・家庭科】相互評価を活かした伝達

ここで，数学科の実践を紹介します。1年生の「立体の体積と表面積」で「円すいの表面積」を求める授業でした。

○導入・課題提示

はじめに，前時までの復習を行っていました。図形の面積を求める公式を確認していました。その後，短時間で導入と課題提示を行っていました。

○個人追究

教科担任から問題が出され，生徒はじっくり取り組んでいました。問題が解けた生徒は，教科担任の所へ行き，解き方を説明していました。

○スクランブル交流

教科担任から「合格」をもらった生徒がミニ先生になって，わからない生徒に教えに動き出しました。解けないで困っている生徒もミニ先生に自分から声をかけて教えてもらっています。

○全体交流

ほとんどの生徒が解けた状態で全体交流が始まりました。指名された生徒が代表で説明していました。

○練習問題

個人追究→スクランブル交流→全体交流という順序で練習問題に挑戦しています。教科担任の先生は，数学の苦手な生徒を教えています。周りでは，活発な生徒同士の教え合いが行われていました。中には自分と違う解き方をしている生徒から質問を受け，別の方法での解き方を理解した者もいました。

○まとめ

本時わかったことを自分の言葉でまとめていました。

4 成果

(1) サポートの実感とクラスへの貢献の変化

私は，協働学習をスタートして様々な変化を実感しました。その中でも，通常学級に在籍する特別な配慮の必要な生徒たちが生き生きと学習に取り組んでいることに感動しました。そこで，アンケート調査で変化を調べてみました。アンケートの主な内容は以下の通りです。

○教師からのサポート

・学校内に悩みを相談できる先生がいますか

・学校内で私を認めてくれる先生がいますか

○仲間からのサポート

・勉強や運動などで友人から認められていると思いますか
・自分を頼りにしてくれる友人がいますか

○目標をもち，努力し，達成をする喜び

・自分もクラスの活動に貢献していると思いますか
・みんなのためになることを自分で見つけて実行していますか

これらの質問に対して，「5（とてもそう思う），4（少しそう思う），3（どちらともいえない），2（あまりそう思わない），1（全くそう思わない）」で回答してもらいました。その結果は表7-1のとおりです。

協働学習等に取り組むことで生徒たちの平均得点は高まっています。そして，中でも通常学級に所属する発達障がい等の診断のある生徒たちで大きく変化していることが分かりました。これは，協働学習に取り組むことで生徒たちに次のような感情が生まれ，それが周囲からのサポートの実感の高まりにつながったのではないかと考えています。

○話し合いに参加する生徒

「いつもありがとう」

○ホワイトボードにまとめる生徒

「仲間の役に立っているな」

○教えてもらっている生徒

「間違えても大丈夫」「友達が教えてくれる」

○教えている生徒

「友達が“わかる”ことがうれしい」「教えて！と言われてうれしい」

これらは，協働学習の取組の中の「人的環境のユニバーサルデザイン」の大

表7-1　サポートの実感とクラスへの貢献の変化（2017年5月と12月の平均の比較）

		教師からのサポート		仲間からのサポート		目標をもち，努力し，達成をする喜び	
		平均	差	平均	差	平均	差
全校生徒（582名）	5月	3.76	+0.07	4.37	+0.07	4.05	+0.04
	12月	3.83		4.44		4.09	
発達障がい等の診断のある生徒（19名）	5月	3.53	**+0.22**	3.53	**+0.17**	3.34	**+0.20**
	12月	3.75		3.70		3.54	

写真7-1　ホワイトボードにまとめている場面（2年保健体育）

写真7-2　教えてもらっている場面（2年数学）

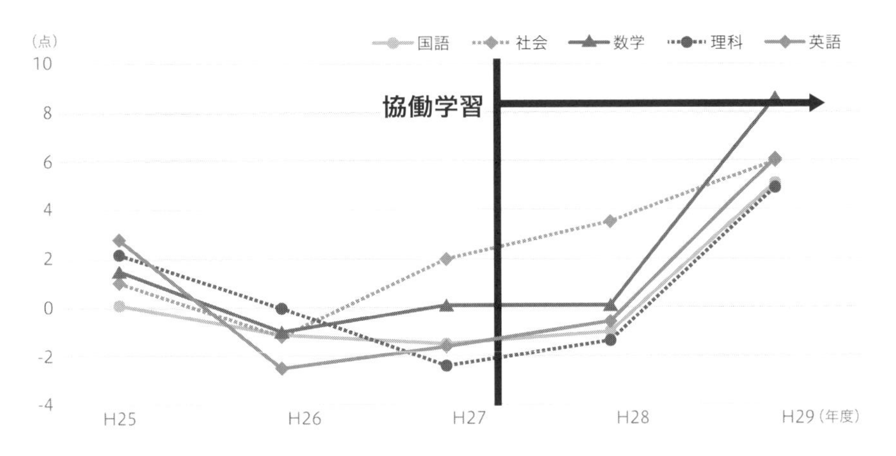

図7-4　岐阜県の平均と本校の正答率の比較

きな成果だと考えています。生徒主体のスクランブル交流や教え合いから，失敗を許し合える雰囲気づくりと気軽に相談し，高め合える集団づくりがサポート感とクラスへの貢献度の高まりにつながったと考えます。

（2）学力の変化

生徒たちの自尊感情の高まりとともに，学力についても，大きな変化が見られました。図7-4のグラフは，岐阜県の学習状況調査の結果で，岐阜県平均正答率を０とし，本校の正答率との差を教科ごとにグラフ化したものです。この岐阜県学習状況調査は2月に実施されていました。グラフの中の→から協働学習がスタートしたので，協働学習によって生徒たちの学力も向上したことがわかります。

ユニバーサルデザインの考え方は，誰にも分かりやすい授業につながります。特に発達障がいのある生徒には，「自分もやればできる」という自己有能感，そして，学力向上につながっていったと考えます。

文献

小倉広(2014)．アルフレッド・アドラー 人生に革命が起きる１００の言葉．ダイヤモンド社．

第III部

諸外国の理念に学ぶ我が国のインクルーシブ教育

第 8 章

国際的な動向を踏まえた わが国のインクルーシブ教育とは

兵庫教育大学大学院
石橋由紀子

❶ はじめに

近年，インクルーシブ教育という言葉を頻繁に耳にします。各国でもその実現にあたり努力されているところですが，日本においてもインクルーシブ教育システムの構築が謳われており，国内の実情にあった展開が模索されていくはずです。インクルーシブ教育が世界的な趨勢となっている現代では，国際的な動向も国内の制度改革に影響を及ぼすと考えられます。

そこで，本節では，インクルーシブ教育の国際的な動向を知るために，「障害者の権利に関する条約（Convention on the Rights of Persons with Disabilities，以下，「障害者権利条約」とします）」批准の「その後」に主に焦点を当てます。まず，インクルーシブ教育が国際的な宣言等において広がりを見せていることを確認したうえで，今後の我が国のインクルーシブ教育の方向性に影響するであろう障害者権利条約の実施状況に関する国際的な評価の仕組みとその進捗状況について述べます。最後に，障害者権利条約の目指すインクルーシブ教育の特徴について整理します。

 インクルーシブ教育の国際的な広がり

(1) サラマンカ声明

インクルーシブ教育が世界的に知られる契機となったのは，1994年にユネスコ・スペイン政府共催で開催された「特別なニーズ教育に関する世界会議：アクセスと質」において採択された，「特別なニーズ教育における原則，政策，実践に関するサラマンカ声明ならびに行動の枠組み（Salamanca Statement on principles, Policy and Practice in Special Needs Education and a Framework for Action）」（以下，「サラマンカ声明」）でしょう。子どもの「特別な教育的ニーズ（special educational needs, SEN）」を満たすべく計画されたインクルーシブ志向をもつ通常の学校へアクセスすることを志向し，このような通常の学校こそがインクルーシブ社会を築き「万人のための教育（Education for All）」を達成する最も効果的な手段であることが明言されています。さらに，インクルーシブ教育の原則，個に応じた適切なカリキュラムや指導方略の採用，多様な支援・サービスの提供等によるSENに応じた質の高い教育の提供が掲げられています。

こうしたインクルーシブ教育の考え方は障害のある子どもたちを中心としながらも，障害に限定されることなく多様な子どもたちを受け入れる教育の在り方として，次に述べるような条約や宣言等においても取り入れられていきます。

(2) 障害者権利条約

障害のある人々に対する国際文書としては，知的障害者の権利宣言（1971年），障害者の権利宣言（1975年），障害者に関する世界行動計画（1982年），障害者の機会均等化に関する基準規則（1993年）などが挙げられますが，いずれも法的拘束力はなく，政治的・道義的なガイドラインとしての位置づけであり，実質的に機能するための条約が必要とされました。

障害者権利条約は国連総会において2006年12月に採択，2008年５月に発

効しましたが，日本政府は2007年に署名したのち，法制度などの整備を経て2014年に批准しています（2019年８月現在，162の国と地域が署名）。差別禁止と合理的配慮を原則とするこの条約は，障害のある人々の生活を包括的にカバーする内容となっており，第24条が教育条項です。ご存知のように，教育条項の要点はインクルーシブ教育と合理的配慮であり，条約の批准に向けて日本においても就学指導の在り方の変更，交流及び共同学習の推進，合理的配慮の提供に関する制度改革が行われました。

（３）仁川宣言

2015年５月に韓国仁川で行われたユネスコ・世界教育フォーラム（World Education Forum）において，「仁川宣言」（教育2030年：「インクルーシブかつ公平で質の高い教育及び万人のための生涯学習に向けて」（Education 2030: Towards inclusive and equitable quality education and lifelong learning for all））と題する宣言が発表されました。このうち，「2030年に向けて：新たな教育のビジョン」の項において，「我々は，危機感を持って，全体論的で野心的なたった一つの，新たな教育アジェンダを公約し，誰も置き去りにしないことを保証する」と述べられました。この宣言に記された新たな教育ビジョンは，次に述べる持続可能な開発目標（Sustainable Development Goals, SDGs）のゴール４に統合されています。

（４）SDGs

SDGsとは，2015年９月の国連サミットで採択された「我々の世界を変革する：持続可能な開発のための2030アジェンダ（Transforming Our World: The 2030 Agenda for Sustainable Development）」に記載された，2030年までに持続可能でよりよい世界を目指す国際目標です。教育に関して「我々は就学前から初等，中等，高等，技術，職業訓練等のすべてのレベルにおける包摂的で公正な質の高い教育を提供することにコミットする。性，年齢，人種，民族，に関係なくすべての人々が，また障害者，移民，先住民，子供，青年，脆弱な状況下にある人々が社会への十全な参加の機会を確保するために必要とされる技能や知識を獲得するための生涯学習の機会を有するべきである。」と述べられ，地球上の「誰一人取り残さない（leave no one behind）」ことが誓われています。

17あるゴールのうちゴール４が「質の高い教育」（すべての人々への，包摂的かつ公正な質の高い教育（inclusive and quality education）を提供し，生涯学習の機会を促進する）と設定されています。

ここまでに見てきたように，サラマンカ声明において提起された障害のある子供を中心とするインクルーシブ教育の方向性が障害者権利条約において「権利」としてあらためて確認され，つづく仁川宣言，SDGsでは障害のある子どもも含め，全ての子どもたちへ，また貧困問題，環境問題等解決の方向性とも合致する国際的な共通目標として掲げられていると言えるでしょう。

3 障害者権利条約の履行状況

（1）障害者権利条約の履行状況を国際的に監視する仕組み

障害者権利条約には，締約国が条約に盛り込まれた事項を確実に実施しているのかどうかを監視・評価する仕組みが用意されています（内閣府，2016）。国内におけるこうした組織は，日本では障害者政策委員会が該当し，活発な議論が行われていますが，ここでは本節の意図に照らし国際的な仕組みを中心に述べます。

締約国は「条約に基づく義務を履行するためにとった措置及びこれらの措置によりもたらされた進捗に関する包括的な報告」を国連に設置されている「障害者の権利に関する委員会（以下，障害者権利委員会。第34条）」（締約国から選ばれた18人の独立した専門家から構成される機関）に提出することを定めています（第35条）。初回の報告は条約発効後２年以内に，それ以降は少なくとも４年毎に報告を提出することとされています。締約国が報告を提出した後，報告は障害者権利委員会により検討され，提案や勧告が行われます（第36条）。

審査までの流れとしては，政府報告の提出後，障害者権利委員会より締約国に対し質問票が送付され，締約国は質問への回答を送付することが求められ，対面審査を経て同委員会より最終見解が採択され，国連文書として公表されます。さらに，国内における団体は障害者権利委員会に対して「パラレルレポート」を送付することにより権利委員会の質問票や最終見解の検討の際に参考にされます。

（2）進捗状況

日本においても初回の政府報告に向けた準備が進められ，2016年６月に第１回政府報告が国連に提出されました。第１回政府報告のうち，第24条については条文の項目に沿って，憲法第26条，教育基本法，障害者基本法をはじめ，障害者権利条約の批准に関連する制度改革と関連するデータ等が盛り込まれています。さらに，障害者政策委員会の見解として，「インクルーシブ教育を推進していくために，我が国が目指すべき到達点に関する議論，また，進捗状況を監視するための指標の開発とデータ収集が必要であるとの指摘があった。また，具体的な課題として，個別の教育支援計画，個別の指導計画の実効性の担保，合理的配慮の充実，本人及び保護者の意思の尊重，特別支援教育支援員の配置や教育的ニーズに応じた教材の提供といった環境の整備などについて問題提起があった。」との文言も加えられています。

パラレル・レポートについては，日本弁護士連合会，日本障害者フォーラムをはじめとする９つの団体から提出されており，このうち教育条項に言及されているレポートは５本です。

障害者権利委員会からの「初回の日本政府報告に関する質問事項」は2019年10月に配布され，教育に関しては，表8-1のようなものでした。

（a）はインクルーシブ教育推進に向けた法整備及び人的物的リソースの配分について，（b）は合理的配慮を始めとするインクルーシブな教育環境における個別的な支援の提供について，（c）は障害のある児童生徒の教育成果に関わるデータ提供が求められています。2020年に予定されている政府の回答及び総合所見が注目されます。

表8-1　障害者権利委員会「初回の日本政府報告に関する質問事項」24教育

24. 以下についての情報を提供願いたい。

(a) ろう児童及び盲ろう児並びに知的又は精神障害のある児童を含め，障害のある全ての者のために，分離された学校における教育から障害者を包容する(インクルーシブ)教育に向け移行するための，立法及び政策上の措置並びに人的，技術的及び財政的リソース配分。

(b) 個別化された支援を提供するためにとられた措置。全てのレベルにおける一般の(mainstream)教育において障害者に対する合理的配慮の拒否を防ぐためにとられた措置。また，質の高い障害者を包容する(インクルーシブ)教育についての教職員に対する制度的な研修を確保するための措置。

(c) 全てのレベルの教育(第三次教育及び高等教育を含む)における，性別，年齢，障害で他の生徒と比較し分類した障害のある生徒の退学率。

出典：外務省(2020)

2007年から本格的に実施された特別支援教育は，通常学級に在籍する発達障害の児童生徒への支援実現を企図していました。しかし，蓋を開けてみると特別支援学校，特別支援学級ともに在籍者数は増加しており，特別な場への期待―もしくは小中学校等への不安―が窺われます。こうした傾向は全体としては望ましいことではなく，通常学級で学ぶ子供たちの支援を充実させていくことが不可欠です。通常学級での学びのあり方，柔軟な支援を実現する仕組みづくり，小中学校等における特別支援教育の専門性を担保する免許制度等，多岐にわたる検討が求められるでしょう。限られた財政的人的資源をどの場にどのように振り分けていくのか，考えていかなければいけません。

4 インクルーシブ教育の多様な理解

(1) 障害者権利委員会におけるインクルーシブ教育

障害者権利委員会のメンバーであるテグナー (Degener, T.) は，2018年に「インクルーシブな平等を目指して：障害者権利委員会の10年」と題するレポートを公表し，障害者権利委員会の10周年に際し，権利条約の条項をどのように理解すべきかについての概要を示しました。第24条については，分離教育に関して改めて次のように明言しています。「委員会は，その最も古い総括所見において，あらゆる形態の分離教育を明示的に禁止していなかったため，状況によっては障害児向けの専門学校が受け入れられるかどうかについていくらか混乱があった。その後委員会は，排他的かつ分離された教育が，条約に違反する障害に基づく差別の一形態であると明示的に述べた。」

テグナー自身も認めているように，あくまで通常教育において障害のある子どもの支援をするという基本原則がより強く打ち出されるようになっていると言えるでしょう。

（2）インクルーシブ教育のタイプ

ここまでは，障害者権利条約を中心に述べてきましたが，実はインクルーシブ教育は，多様に理解されうるものです。インクルーシブ教育は複雑で多面的，かつ変化するものであり，インクルーシブ教育という用語に明確な定義がないことが，インクルーシブ教育実践についての混乱を生じさせていたと言われています（Brown, 2016）。対象は障害のある子どもに限られるのか，あるいは貧困，虐待，外国にルーツをもつ子どもなども含めて広く捉えるのかも国によっても実践者によっても一様ではありません。

欧州特別ニーズ開発機構（European Agency for Development in Special Needs Education；EADSNE）はヨーロッパ18か国の比較検討をもとに，SENのある生徒についての教育政策を表8-2のように３つに大別しています（EADSNE，2003）。権利条約が求めるインクルーシブ教育は「単線型アプローチ」であり，日本は「複線型アプローチ」に位置するでしょう。その後も多くの国で従前の特徴を維持していることが指摘されていますが（吉利，2016），これらのアプローチが権利条約の求めるインクルーシブ教育のあり方とどのように合致しているのかは考えておかねばなりません。

5 おわりに

司馬遼太郎（1989年）は，『アメリカ素描』において「照明具としての『欧米』」

表8-2　SENのある生徒についての政策タイプ

単線型アプローチ（one-track approach）
ほぼ全ての生徒を小中学校等の教育（mainstream education）でインクルージョンすることを目指す政策や実践を展開している。

多線型アプローチ（multi-track approach）
小中学校等の教育システムと特別なニーズ教育システムとの間で多様なアプローチが提供されている。

複線型アプローチ（two-track approach）
二つの異なるシステムがあり、特別なニーズのある生徒は特別な学校もしくは学級に在籍する。特別なニーズがあると公式に認定された生徒の大多数が障害のない生徒の通常の（mainstream）カリキュラムとは異なり、法体系も異なる。

出典：EADSNE（2003）より作成

の位置づけについて次のように述べています。「アジアについてだが，その姿が見えてくるためには幾筋かの光線が必要で，その照明具の据えつけ場所のひとつは，アジアそのものではなく，存外欧米だということである」。欧米との対比が，日本の特徴をより鮮明に描き出すことにつながるとの指摘です。確かに，日本の障害児教育の歴史を振り返っても，欧米に多くを学びながら自国の実情に照らした特殊教育を作り上げ，発展させてきました。どの国の教育制度も，その国の歴史や文化，風土が反映されており，一足飛びに変更することは現実的ではありません。「インクルーシブ教育とは何か？」ではなく，「私たちの考えるインクルーシブ教育とは？」という問に答えを見出していく作業が重要です。この節で取り上げた障害者権利条約におけるインクルーシブ教育も，自分たちの教育が障害のある子供たちの育ちを確かに支えることができる仕組みなのかを見つめ直す契機にしてはいかがでしょうか。

文献

Brown, A. (2016). Inclusive Education: Perspective on Pedagogy, Policy and Practice. Brown, A. (et al). Introduction. Routledge.
Committee on the Rights of Persons with Disabilities (2019). List of Issues in Relation to

the Initial Report of Japan.（障害者の権利に関する委員会.（2019）.初回の日本政府報告に関する質問事項（日本語仮訳）.（https://www.mofa.go.jp/mofaj/files/000546852.pdf）（最終アクセス2020/04/23）
Degener, T. (2018). Towards Inclusive Equality: 10 Years Committee on the Rights of Persons with Disabilities.（佐藤久夫（仮訳）. インクルーシブな平等を目指して：障害者権利委員会の10年.）（https://www.dinf.ne.jp/doc/japanese/rights/rightafter/towards_inclusive_equality_10_years_crpd_2018.pdf）（最終アクセス2020/04/23）
European Agency for Development in Special Needs Education (2003). Special Education across Europe in 2003; Treads in Provision in 18 European Countries. pp.124-125. (https://www.european-agency.org/sites/default/files/special-education-across-europe-in-2003_special_education_europe.pdf)（最終アクセス2020/04/24）
内閣府.（2016）.平成28年度版障害者白書：第2章　障害者権利条約批准後の動き. pp.14-21.（https://www8.cao.go.jp/shougai/whitepaper/h28hakusho/zenbun/pdf/s2.pdf）（最終アクセス2020/04/24）
司馬遼太郎.（1989）. アメリカ素描. 新潮文庫. p.13.
障害者の権利に関する条約：第１回日本政府報告（日本語仮訳）
UNESCO(1994). The Salamanca Statement and Framework for Action on Special Needs Education Conference: World Conference on Special Needs Education: Access and Quality, Salamanca, Spain, 1994. 国立特別支援教育総合研究所（訳）. 特別なニーズ教育に関する世界会議：アクセスと質.（https://www.nise.go.jp/blog/2000/05/b1_h060600_01.html）（最終アクセス2020/04/23）
吉利宗久.（2016）. インクルーシブ教育をめぐる国際動向：欧米および日本における実態と変化の数量的把握. 発達障害研究，38(1)，34-42.

第９章

オランダの教育事情とイエナプラン教育

兵庫教育大学大学院
奥村好美

1 はじめに

「オランダの学校」と聞いて，読者の皆様はどのような学校をイメージするでしょうか。「子どもたちの自己学習力などを育み，一人ひとりが自分の学習計画に基づいて学習を進めている学校」「子どもたちの間でトラブルがあった際にすぐに教師を頼ることなく子どもたちが自分たちで解決できるような力などを育み，将来民主的な社会を担っていけるような子どもを育てることを大切にしている学校」などと聞くと，驚かれる方もおられるかもしれません。これらは実際のオランダにある初等学校です。オランダには，「百の学校があれば百の教育がある」と言われています。こうした学校の多様性こそがオランダの教育の１つの特徴だと言えるでしょう。

もう１つオランダの教育の特徴をあげてみます。それはオランダの子どもたちの幸福度が世界で最も高いことです。これは，ユニセフのイノチェンティ研究所によって2007年に行われた調査結果によります。ここでの幸福度とは，物質的な豊かさ，健康と安全，教育的豊かさ，家族や友人との関係，子どもの行動とリスク，主観的な幸福度という６つの観点をもとにしています。オランダの子どもたちは，これら６つの観点の総合でも，主観的な幸福度の観点でも１位とされています。2013年にも同様の調査が行われています。その際には，主観的な幸福度は調査の観点に含まれなくなるなど観点に変化がありましたが，依然としてオランダは総合１位とされました。このことから，オランダの子どもたちは自分を幸せだと感じており，教育環境にも恵まれていると捉えることができそうです。多様な学校が存在し，子どもたちが幸せだと感じている国オランダの教育制度はどのようになっているのでしょうか。

❷ オランダの教育事情

（１）「教育の自由」

オランダにおいては，「教育の自由」が憲法で保障されています（奥村，2016他）。オランダの「教育の自由」とは，近年の教育の自由化論の中で実現されたものではありません。それは自らの宗派に基づく学校教育の自由を求めて100年以上にわたって行われた長く激しい政治的戦いの成果です。この戦いは「学校闘争」と呼ばれます。「教育の自由」が憲法改正で認められたのは1848年のことです。しかしながら，この時にはまだ「教育の自由」は本当の意味では実現されていません。実は，1848年には，宗派学校の設立は認められたものの，財政的な助成は行われませんでした。そこで，学校への財政補助を求めて引き続き闘争は行われます。最終的には1917年に公立学校と私立学校との間の「財政平等の原則」が明記され，「学校闘争」は終結を迎えます。

こうして獲得された「教育の自由」は，３つの原則に従って実現されています。３つの原則とは，「学校設立の自由」「教育理念の自由」「教育組織の自由」です。つまり，一定の法の要件を満たせば誰でも公的予算で学校を設立することができ，その学校の教育理念としてカトリックやプロテスタント，ユダヤ教といった宗教（派）的理念や，後述するイエナプランやモンテッソーリといったオルタナティブ教育の理念などを掲げることができ，その理念に基づいていかに教育を組織するかについても決めることができる自由であるといえます。こうした自由が認められているため，本章冒頭で示したような多様な学校がオランダには存在します。「学校選択の自由」もあるため，保護者や子どもたちはそうした多様な学校から自らに合う学校を選んで通うことができます。

このような「教育の自由」が認められているため，現在，初等学校の約７割は私立学校です。私立学校といっても，日本にあるような私費で運営されている私立学校とは異なり，設置主体が民間の団体等であるだけで，財政補助については公立学校と同等の扱いがなされます。ただし，では私費で運営されている私立学校がオランダには全くないかというと，そうではありません。近年，特別支援の子どものための学校など，私費で運営される私立学校が少しずつ増えてきています。こうした学校はオランダでは「影の教育」と呼ばれています。こうした「影の教育」の存在は，本来の教育システムでニーズをまかなえなかったという失敗の証拠であり，教育へのアクセス可能性や平等な機会への脅威とみなされています。しかしながら，それでも未だほとんどは公費で運営される学校であり，その多くでは特別な支援を要する子どもが学習しやすいような環境が整えられていることは特筆すべきことでしょう。

(2) 教育の質保障

オランダでは公教育において多様な学校が運営されていることを述べてきました。こうした多様な学校を認めながら，公教育としての一定の質はどのように保障されているのでしょう。もし多様性を認めることが，質の低い教育の存在を認めることにつながってしまえば，特別な支援を要する子どもたちが恵まれない環境に置かれ十分な教育を受けられない危険性も生じます。政府は健全な教育の質を保つための条件として，学校で教えられる教科・科目や初等学校最終学年で到達するべき目標などの法的要件を設定しています。また，オランダのすべての学校は教育監査局から監査を受けます。

教育監査と聞くと，学校が監視されているような恐ろしい印象を抱く方も少なくないでしょう。オランダの教育監査は『監督枠組』に沿って行われます。『監督枠組』には，通常，監査のプロセスや監査される指標等が示されています。詳しい監査のプロセスなどについては別稿にゆずり，ここでは何が監査されるかを一部紹介してみます。2017年版『監督枠組』を見ると，監査される質の5領域が示されています（Inspectie van het Onderwijs, 2019）。5領域とは，「教育プロセス」，「学校の雰囲気」，「学習成果」，「質の保証と熱意」，「財政的マネジメント」です。ここで，「学校の雰囲気」といった評価しにくい側面

表9-1　2017年版『監督枠組』の評価指標（一部抜粋）

教育プロセス
・提供される教育は，子どもたちがその後受ける教育や社会に出た時に向けて準備させている。 ・学校は，子どもたちが絶え間なく進歩できるよう彼らの発達をたどっている。 ・教師たちの教授行為は，子どもたちが学び発達することを可能にしている。 ・追加の指導，支援，ガイダンス（begeleiding）が必要な子どもたちはそれを受け取っている。 ・学校は，その関係者とともに，子どもたちに教育を提供するために共働している。 ・試験の実施と次に続く教育への移行が注意深く行われている。
学校の雰囲気
・学校長や教師たちは子どもたちに安全・安心な学習環境を提供している。 ・学校には支援的な教育雰囲気がある。
学習成果
・学校は少なくとも定められた基準に沿った子どもの学習成果を達成している ・子どもたちは少なくとも学校が設定した目標に沿って社会的コンピテンシーを獲得している。 ・学校を卒業した後に子どもが進学するところが把握されており，少なくとも学校の想定以上である。

が領域として設定されていたり，学校自らがいかに教育の質を保証しようとしているのかが重視されていたりする点は大きな特徴と言えるでしょう。ここでは，教育のあり方に関わる領域である「教育プロセス」，「学校の雰囲気」，「学習成果」に関する指標を表9-1に整理しています。

表9-1をみると，「教育プロセス」の領域において特別な支援を必要とする子どもたちに適切な支援が提供されていること，「学校の雰囲気」の領域において学校が子どもたちにとって安全・安心な学習環境を提供していること，「学習成果」の領域において社会的コンピテンシーが大切にされていることなどの指標が含まれています。近年，特定の試験の結果がますます重視されるようになっているとの指摘もありますが，こうした指標の中に評価しにくいけれど大切な側面が含まれており，それを全ての子どもに保証しようとしていることがわかります。多様な学校の存在を認めつつ，全ての子どもたちが適切な教育を受けられるようにする重要な仕組みの一つがこうした学校評価であると言えるでしょう。

❸ オランダのイエナプラン教育

(1) オランダのイエナプラン教育の背景

オランダには多様な学校があることをこれまで述べてきました。その一つであるイエナプラン教育を本章では取り上げます。イエナプラン教育とは，もともとドイツのイエナ大学の教育学教授ペーターセン（Petersen, P. 1884-1952）が大学の附属学校で始めたものです。ペーターセンは，伝統的学校をゲゼルシャフト（利益社会）の施設であると批判し，学校はゲマインシャフト（共同社会）であるべきだと考えました（三枝・山崎，1984）。学校の理念について，ペーターセンは「ペスタロッチ的意味での一つの『人間学校』として学校の理念が最も深く理解され，判断されることが望まれる」(ペーターセン，1984, p.100）と述べており，ペスタロッチの影響がうかがえます。実際，イエナプラン教育とペスタロッチの「人間学校」には多くの点で共通性や親和性があることが指摘されています（佐久間，2016）。それは異年齢集団や男女共学などの特徴にとどまらず，「人間学校」の「基盤」に関わっています。ペーターセンはペスタロッチの「人間学校」の「基盤」を，人間はどのような人でもその本質において同じであること，また人間本性は根源的に善良であることであると捉えていたとされています。そして，「能力差，身分・階層差，年齢差，性差などによって，人間は差別化されるものではなく，全ての人間が最初から既に同じ「全人」として必要とされている」ことを明言し，イエナ大学附属学校での教育実践の基盤に据えていたと言います。この点は，オランダのイエナプラン教育においても外すことのできない基盤であると言えるでしょう。

このイエナプラン教育をオランダに紹介したのはフロイデンタール（Freudenthal-Lutter, S.1908-1986）です。彼女は1950年代にイエナプラン教育と出会い，その後オランダでのイエナプラン教育の導入・発展に尽力します。フロイデンタールは，ペーターセンが提案したイエナプラン教育をそのまま受容してはいません。ペーターセンの理念に基づきつつも，他の様々な教育から学び，当時のオランダに合うような形でイエナプラン教育を受容しています。

彼女は，オランダのイエナプラン教育を「容認可能なグランドモデル（ontvankelijk grondmodel）」であり，「解釈可能な目標モデル（interpreteerbaar streefmodel）」であると述べています（Both, webpagina）。

ただし，フロイデンタールがイエナプラン教育の理念を軽視していたわけではありません。フロイデンタールは，イエナプラン教育の８つのミニマムを考案しています。それは，「インクルーシブな思考の育成」「学校の実際の人間化と民主化」「対話と，学校に関わる全ての人との対話への歓迎」「教育学的な思考と振る舞いの人間学化」「学校に関わる全ての人の真正性」「生と学びの共同体の共同的で自律的な秩序による自由」「批判的思考の育成」「創造性の刺激と創造性のための機会の創出」の８つです。ここには，先述したような，全ての人を人として尊重するという理念が貫かれているように思われます。これを最低限守ろうとする出発点とするとともに，目標とすることが想定されています。こうした理念に立脚しつつ，教育のあり方については開かれた性質を持つことによって，イエナプラン教育が形式的に実施されるのではなく，オランダの学校の実情に応じて柔軟に形作られていくことが期待されたといえます。

その後，1980年代にはイエナプラン教育の20の原則（原案）が提案されます。ただし，フロイデンタールの８つのミニマムも今でも大切にされています。ペーターセンの理念に則り，道標となるミニマムや原則を設定し，それを共有した上で，時代や状況に応じて新たなものを生み出しながら，イエナプラン教育は発展してきました。こうした考え方は教員養成でも大切にされています。オランダには，通常の教員養成課程に加えて，イエナプラン教育の教員養成コースが存在します。それを受講することでイエナプラン教育のディプロマを得ることができます。現在（2020年4月6日），オランダにおいて，イエナプラン教育の初等学校は179校，そのうち１校が特別支援学校であるとされています。

（２）オランダのイエナプラン教育の特徴

本節では，オランダのイエナプラン教育の特徴をいくつか紹介してみます。表9-2は，オランダのイエナプラン教育の20の原則の一部抜粋です。20の原則は，１～５が人について，６～10が社会について，11～20が学校についての原則とされています。

表9-2を見ると，まず，最初に子どもも大人も全ての人がかけがえのない価値を持っていることが掲げられています（原則１）。そして，そうした価値を尊重する社会に向けて取り組むこと（原則６）や，大人である教師たちはそうした考え方を出発点として学校で教育に携わることが求められています（原則12）。単に特定の教育のあり方を推奨するようなものではなく，追求したい人や社会に向けた学校のあり方や，大人である教師のあり方を含めて教育に関する考え方が示されていることがわかります。

具体的な教育のあり方としては，何の関連もないバラバラの教科が順番に機械的に教えられるような時間割ではなく，対話，遊び，仕事（学習），催しという基本活動がリズミカルに組まれることが大切にされています（原則15）。ここでのリズミカルとは，緊張や弛緩といった変化がもたらされることを指します（Both, 2011）。学校での活動はできるだけ結びつけて実施されます。また，子どもたちが様々な人との関わりを学べるように，学級は異年齢（３学年編成が推奨）で編成されます（原則16）。さらに，教科等の学習においては，子どもの自立性が大切にされています（原則17）。イエナプラン教育の学校には，ブロックアワーと呼ばれる最低60分から最大100分という長い一まとまりの時間が日常的に設けられます。そこでは，子どもたちが自分の責任で学習を計画し，実行し，評価することを学びます。ただし，放任ではなく教師の指導も大切にされています。

さらに，ワールドオリエンテーションと呼ばれる，いわゆる総合学習が重視されています（原則18）。ワールドオリエンテーションはイエナプランスクールのハートであるとされています。そこでは，関係の中で生きること，また関係について考えることが学ばれます。ここでの関係には，人々との関係だけではなく，たとえば，自然，社会，文化，自分自身，物事の秘密，宗教・非宗教的信念や解釈との関係など様々な関係が含まれます。具体的なテーマとしては，７つの経験領域（巡る１年，環境と地形，作ることと使うこと，技術，コミュニケーション，共に生きる，私の人生）が考えられています。こうしたテーマに時間軸や空間軸の視点を加えて子どもたちが学ぶことで，学ぶ意味を自覚しつつ，他者や物事との関係の中で生きることを学んでいきます。

表9-2　オランダイエナプラン教育の20の原則

（人について）

1．全ての人はユニークである。つまり，たった一人の存在であり，全ての子どもと全ての大人はそれぞれ，かけがえのない価値を持っている。

（社会について）

6．人々は，一人ひとりのユニークでかけがえのない価値を尊重する社会に向けて取り組まなくてはならない。

（学校について）

11．学校は，そこに関わる人たちによる相対的に自律的で共同的な組織である。学校は社会によって影響を受け，また学校自身も社会に影響を与える。

12．学校において，大人たちは，先述した人と社会についての原則を，自分たちが行動するための，社会性を育む（教育の）出発点として仕事を行う。

13．学校において，教育内容は，子どもたちの生活世界や（知覚的な）経験世界から，そして，ここで描かれている人と社会の発達のために，社会において重要な資源とみなされている文化的な物から取り出される。

14．学校において，教育は，教育学的な状況において，教育学的な手段（middelen）を使って行われる。

15．学校において，教育は，対話，遊び，仕事（学習），催しという基本活動がリズミカルに循環することで，形作られる。

16．学校において，子どもたちが互いに学び，互いに気遣うことを促すために，年齢や発達段階が主に異なる子どもたちのグループが作られる。

17．学校において，自立的な遊びと学習は，教師主導の指導的な学習と交互に行われ，それによって補足される。後者（教師主導の指導的な学習）は明らかにレベルを高めることを目的としている。この全てにおいて，子どもたちのイニシアチブは重要な役割を果たす。

18．学校において，ワールドオリエンテーションは，基礎としての経験，発見，探究と共に，中心的な位置を占める。

19．学校において，子どもの行動の評価や成績の評価は，できる限り，子ども自身の発達の歩みから，そして子どもと共に話す中で，行われる。

20．学校において，変化や改善は決して終わりのないプロセスとみなされる。このプロセスは，行動と思考との首尾一貫した相互作用によって導かれる。

（リヒテルズ（2006）の翻訳を参考に，オランダイエナプラン教育協会webpageの基本原則を訳出）

評価についても，子どもたちの学力の単なる判定ではなく，子ども自身も評価の営みに参加し，自分の成長を感じられるように実施することが求められています（原則19）。ただし，繰り返しになりますが，ここであげたような特徴を形だけ実施すれば，イエナプランスクールといえるわけではありません。あくまでも理念に根ざしつつその特徴が「なぜ」大切にされているのかを考え，状況等に応じて柔軟に変化・改善していくことが重要であるといえるでしょう（原則20）。

4 おわりに

オランダには公教育において多様な学校が存在すること，その１つとしてイエナプラン教育があることを示してきました。イエナプラン教育は，あくまでも多様な学校の１つです。イエナプラン教育だけが特別なわけではありません。イエナプラン教育自体についても，「こうあるべき」というものが厳格に定められているわけではなく，最低限守るべき出発点や目標等は共有しながらも，そのあり方は柔軟に模索されていました。

一人ひとりの子どもが人として尊重され，適切な教育を受けることができるようになるために，オランダの教育のあり方から私たちが学べる点は多いと考えられます。ただし，それは，オランダの教育のような制度をそっくりまねようとすることでも，イエナプラン教育を形式的に日本で実施しようとすることでもありません。逆説的なようですが，「学校の多様性・子どもの多様性を尊重する教育を実現するためには，オランダのような仕組みを取り入れれば良い」と考えた瞬間から，１つの解を「正解」とする思考停止（多様性を認めない枠組み）へと陥る危険性があるように思われます。目に見える仕組み，目に見える教育方法だけを切り取って学ぼうとするのではなく，オランダの人々が理念やコンセプトをもとにより良い教育を模索し続けている点から学んでいくことが求められているといえるでしょう。

文献

Both, K. (2011). *Jenaplan 21*, Nederland: Nederlandse Jenaplan Vereniging.

Both, K. Over de Basisprincipes Jenaplan: Hoe ze ontstonden, wat hun betekenis is en wat je ermee kunt doen. (https://www.jenaplan.nl/userfiles/files/2018/Geschiedenis%20van%20de%20basisprincipes.pdf) (2020.4.5確認)

Inspectie van het Onderwijs (2019). *Onderzoekkader 2017 voor het toezicht op de voorschoolse educatie en het primair onderwijs*, Nederland: Inspectie van het Onderwijs. 奥村好美(2016). <教育の自由>と学校評価：現代オランダの模索. 京都大学学術出版会.

P. ペーターセン(著), 三枝孝弘, 山崎準二(著訳)(1984). 学校と授業の変革：小イエナ・プラン. 明治図書. (原著初版は1927)

リヒテルズ直子(2019). 今こそ日本の学校に！イエナプラン実践ガイドブック. 教育開発研究所.

リヒテルズ直子(2006). オランダの個別教育はなぜ成功したのか：イエナプラン教育に学ぶ. 東京：平凡社.

佐久間裕之(2016). イエナ・プラン研究序説：ドイツにおける異年齢集団の問題を中心として. 平成25～27年度科学研究費補助金 基盤研究(C)「イエナ・プランにおける異年齢集団の構成法に関する研究」成果報告書.

第 10 章

イエナプランスクール大日向小学校の開校までとその後の学校づくり

学校法人茂来学園大日向小学校
桑原昌之・宅明健太・佐藤麻里子・吉冨一九子

❶ 開校までの道程と本校が大切にしている３つのこと

本校は，2019年４月，長野県南佐久郡佐久穂町大日向に開校した日本初のイエナプランスクールです。

2017年より設立準備財団を立ち上げ，長野県，佐久穂町などの行政機関，そして教育関係者の皆様と学校開設の準備を進めてまいりました。

開校以来，建学の精神「誰もが，豊かに，そして幸せに生きることのできる世界をつくる」のもとで学校運営を行っています。

この建学の精神が描く世界は，簡単に成し遂げられるものではありません。私たち人間は，一人ひとりが違う背景を持って日常を送っているからです。

子どもたちもそれぞれに「幸せに生きる」という願いがあります。

本校に集う児童は一人ひとり生まれた場所も違うし，育った環境や背景も全く違います。そして，それぞれが願う「幸せに生きることのできる世界」にも違いがあります。

イエナプラン20の原則の冒頭に，こんな一節が出てきます。

“どんな人も，世界にたった一人しかいない人です。つまり，どの子どももどの大人も一人一人がほかの人や物によっては取り換えることのできない，かけがいのない価値を持っています。”（イエナプラン教育協会ホームページ）

私たちは，この一節を特に大切にしながら毎日すごしています。

子どもたちは一人ひとり違うので，皆が同じペースで同じように黒板を前にして一斉に学ぶのではなく，子どもたち一人ひとりに適した学び方のできる学校づくりを目指しています。

大日向小学校70名の子どもたちも，一人ひとり実に個性豊かであり，多様性に満ちています。

そんな子どもたちの多様性を受け止めながら，毎日のように笑顔で学ぶことができる学校をめざして，私たちはイエナプランを学びの中に取り入れてチャレンジをスタートしました。

その一方で，「より子どもたち一人ひとりにあった支援があるのではないか」「個々に成長に即した教材や教具はどうあるべきか」などの課題も抱えながら教職員はチャレンジし続ける日々を送っています。

「大日向小学校の子どもたちは表情がいいね。いつも楽しそうだ」

大日向小学校へやって来る人たちから聞こえてくる声です。視察に来られる皆さんだけでなく，視察に来る人たちを運んでくれる地元タクシーの運転手さんをはじめとする地域の皆さんから嬉しい声をいただきます。

改めて子どもたちの表情を見ると，本当に楽しそうな笑顔があり開校できて

写真10-1　長野県佐久穂町に開校した日本初のイエナプランスクール「大日向小学校」

よかったなと思うのです。
「自立する」「共に生きる」「世界に目を向ける」という3つのことを常に意識して子どもたちの学びの場をつくる旅はスタートしたばかりです。

❷ イエナプランの考え方を形にする過程

(1) 大日向小学校の「選択」と「余白」

イエナプランは方法や手段としての教育方法ではなく考え方（コンセプト）だと言われます。「イエナプラン教育の20の原則」も，人はこうありたい，社会はこうありたい，そのために学校はこうありたいという考え方として示されています。
大日向小学校のありかたも同様で，何か正解としての方法論を取り入れるのではなく，イエナプランの考え方をもとに，どのような学校をつくっていくのかという選択と決定を日々繰り返しています。
これは子どもたちにとっても同じことです。大日向小学校の子どもたちには，常に選択と決定の機会があります。学習活動においても，何を学ぶか，どこで学ぶか，だれと学ぶか，どんな方法で学ぶのかということは，子どもたちが自分で選択します。正確には，日々，選択が出来るようになるための練習を重ねています。
入学してまもない1年生は，まずは，文字の練習の課題と数字を学ぶ課題をどちらから先にするかというような，2つまたは3つの課題の順番を決めるというような選択から始めます。それが出来るようになったら，順番だけでなく，一緒に学ぶ相手や学ぶ方法などと少しずつ選択の幅が増えていきます。
選択することと同じく自然なこととして，大日向小学校には「余白」が多く設けられています。「こうしなければならない」「こうすることになっている」という，自分ではコントロールできない決まりごとを極力少なくしていることもその表れです。
また，1週間のスケジュールを立てるときにも，しなければならないこと（学内では，仕事や課題と呼ばれる）を，いつだれとどのように進めていくのかは，個人の選択によるということは先に述べたとおりです。その中に，自分の仕事が終わったら，もっと深めたいこと，もっと探究したいことを組み込むことができるのも余白の一つであり，自分の選択の余地であるとも言えます。

このように，学校生活の場面で，「自分で選ぶ」「自分で決める」ということが求められます。もちろん，これは一朝一夕に身につくものではなく，なかなか選択が上手にできない子どもも当然いるのですが，それでも，何でも誰かに決めてほしいとならないのは，選択できるということがいかに大切なことかを，子どもたちは十分に知っているからかも知れません。

(2) 異年齢学級がもたらすもの

大日向小学校では，３学年ごとの年齢の異なる子どもたちが同じグループで一日を過ごします。クラスの中で異なるのは年齢だけではありません。これまでの学校経験もちがえば，これまでに育ってきた環境も異なります。そもそも，人それぞれ得意不得意も出来ることも好き嫌いも，違っているのが当然です。

これは，特に学習上の困難にぶつかったときに，立ち止まることや戻ることができるというところに，大きな意味があると思います。自分が止まりたいところで止まる，戻りたいときには戻ることができることで，安心して学びを進めることができます。

また，年齢による違いによって，お互いに助け合うということが自然に生まれるということも，メリットの一つです。年下の子どもにとっては，身近に年上の子どもがいることで，あんな風になりたいという憧れの気持ちをもつこともあるし，誰かが困っていることが，自分の出来ることであれば，自然と手を差し伸べることが出来ます。特別な機会だけでなく日常になっていることが大きな意味を持っていると思います。

さらに，これが学校文化の継承という意味でも，異年齢学級の仕組みに期待しています。下学年のクラスでは，新年度を迎える際に３年生は新４年生として上学年のメンバーとなり，そこへ新１年生が入ってきます。このように，三分の一が入れ替わることで，学校やクラスの文化がゆるやかに継承される仕組みとなっています。

(3) 自分と他者の違いを認めるプロセス

「多様性」や「個性」といった言葉は，なんとなく「いろんな考え方があっていいよね」だとか「みんなちがいを認めよう」というような，耳に心地のよい言葉で，なんとなく良いものとして語られることがあります。学校現場の中で，「多様性が認められること」「個性が豊かであること」そのものを良しとしない人はきっといないと思います。

しかし，ここで大切なことは，多様な個性はかならずぶつかる，ということです。学校のように，複数に人が一緒にいる場では，自分のこうしたい，こうありたいを主張すると，他者のそれらとぶつかる可能性が常にあります。

クラスの中で，対立関係が生まれたり，もちろん実際に激しく対立したり，寄ると喧嘩するといった相性の悪さがあったり，個性のぶつかり合いはさまざまなかたちとなって表れます。

開校当初の何ヶ月かは，まさにこのぶつかり合いの時期でした。1年経った今も，それがなくなった訳ではないし，それが自然なことと思います。そのぶつかりの中で，自分の言動が他者に影響を与えることを知り，他者の言動に自分も影響することを知ることで，だんだんと，他者との違いをどのように受け止めるかを学んでいきます。これは頭で分かるのとは違う，まさに体得していくプロセスだと思います。

❸ 下学年の教室での取り組み

(1)「自分で選んで決める」教室

「できた！見て見てー！」と，1日に何度もあちこちから声がかかります。ほおを少し紅潮させて，得意げに差し出してくれるノートには，自分で決めた方法で前日から一生懸命に鉛筆を走らせていた詩がいくつも書かれていたりします。もちろん，それは時には漢字のプリントであり，パンフレットであり，創作した物語であり，計算ドリルの1ページだったりします。読み切ったお話の内容を話してくれることもあります。

しまうまクラスの子どもたちは，「自分で選んだ内容を，自分で決めた方法で，自分のタイミングで学ぶ」ことが随分上手になったと思います。もちろん，到達度はそれぞれです。でも，「できた！」「達成した！」時の喜びは，皆が平等に味わっているように思います。

「比較しない，競わない」そんな，言葉で伝えたわけでもない「当たり前の感覚」が，教室の根底に流れていることも大きいです。でも，やはり，「自分で選んで決める」ことが保証されていることによる学びへの安心感が浸透していくにつれて，彼らの学び方は変わっていったように思います。

（2）一人一人の学びの変化

４月。教室は期待と不安に満ちていました。「自分で順番を決めて，自分のペースでやっていいですよ」と言われても，配られた「わたしのスケジュール」の使い方がわからなくて戸惑う姿が，あちこちで見られました。やる気は満々。でも，やり方に自信がもてない。なので，「とにかくわかりやすい課題をどんどん，早く終わらせよう！」という取り組み方が多くなって行きました。そこで，「わたしのスケジュール」を元に，午前中のブロックアワー全体の計画を立て

写真10-2・10-3　下学年の学びの姿

る時間をしっかりと取り，自分が使いやすいその日の計画表を選んで書き込んでいくようにしました。また，教科書だけでなく，ドリル，タブレット教材などから自分にあった方法を選んで学べるように課題の設定を工夫しました。学びが一直線に並んでいないため，「早く終わる」という価値観が優勢になりません。「終わる」より「できる」をめざすことは，日常の中のメッセージとしても繰り返し伝えていきました。

Aさんは，算数が得意なので，どんどん学習を進めて達成感を得ていました。一方，漢字を正確に書くことが苦手でした。最初の頃は最低限の練習をすると，「終わった！」と言って，好きな読書や計算を楽しんでいました。ですから，確かめテストをすると漢字がほとんど書けません。なんとなく形は覚えている，という状態が続いていました。けれど，テストに点をつけず，間違った漢字を練習して，できるようになったら何度も再挑戦することができる安心感のおかげか，漢字を嫌いになることはありませんでした。どうしたら全部の漢字を書けるようになるか，徐々にその練習方法を工夫することにやりがいを感じるようになっていきました。そしてついに，「漢字全問テスト」をクリアしたのです。そのテストを提示されてから３ヶ月かかりました。大変な喜びようで，大きな拍手を贈りました。

Bさんは，最初から自分の力で課題を最後までやることができる子でした。でも，「課題だからやる。」という学び方だったように思います。生真面目に根を詰めて，終わるとホッとする，という姿が心配でもありました。けれど，友達と教え合ったり，問題を出し合ったりして学びに広がりが出てきてからは，「自分はこんな風に学びたい」という意思が見えるようになりました。時間配分を考え，「とにかく課題を終わらせる」のではなく，楽しんで学べるようになりました。

こうして，途中で読書をしても，友達と問題を出し合ってもOKという緩やかな空気の中で，より確かに，より楽しく学ぼうとする姿勢が，自然に共有されていったように思います。サークルが盛り上がって長引くと，「早くブロックアワーをスタートしたい！今日はやりたい課題がたくさんあるんだ！」という頼もしい声が，聞こえることもありました。

10月にもなると，ブロックアワーの時間に子どもたちが一人一人自分の課題に真剣に向き合っている静かな教室で，別々のグループを見守っていた二人のグループリーダーが顔をあげた途端に目があって，しばらく一緒に子どもたちを眺めてしまう，そんな瞬間が時々起こるようになりました。曲がりなりにも，「今これをやる」ということを掴んでいる自信と，「次はこれをやろう」と自分でもてている見通しが，力強い鉛筆の動きに結びついている，そんな頼もしさを感じました。

（3）「選択のゆとり」を大切にして

集中を持続できる時間は子どもによって違います。休み時間とおやつの時間を挟んで90分のブロックアワーが２回ある本校の「リズミカルな時間割」は，下学年の子どもたちが個別の学びに集中し続けるには長い時間です。そこで，「読む」の課題として提示されている物語や詩を一緒に読んで，自分の考えを伝え合う「読解サークル」や，友達と誘い合って楽しみながら文字や数字に親しむことのできるカードゲームやボードゲームをする時間を設定しています。また，自分で育てている野菜や花を観察に行くことも選択できます。「みんなで一斉に」ではなく，「自分で決める」ことで，受け身ではない学びへの主体性が，一年を通して芽生え，伸びていくのを感じました。

今後は，探究に繋がる学びへ誘えるように，さらに選択肢を増やすことや，ワールドオリエンテーションとの関連を明確にした課題の設定ができるように，工夫をしていきたいと思います。子どもたちの，「できた！」「見て見て！」「おおー！」という歓声と目の輝きが楽しみです。

❹ 個別学習支援室「じゅうたんの部屋」での取り組み

（1）個別学習支援室の考え方と仕組み

本校では，開校後10月から個別学習支援のための部屋（通称「じゅうたんの部屋」）を設け，子どもたちの学習支援を行っています。この部屋を設けた目的は，一人ひとりの子どもが，自律的に学ぶスキルを身に付ける手助けを充実させるためです。

この部屋を設けるにあたり，私たちは公立学校にある特別支援学級や通級指導教室とはイメージが異なる特別感の出にくいものにしたいと考えました。そこで，部屋の名称を決めるに当たっては，「個別学習支援室」や「サポートルーム」といようような名称は避け，その部屋が元々じゅうたん敷きであったことから「じゅうたんの部屋」と呼ぶことにしました。また，希望をすれば誰でも予約ができるようにしました。子どもがグループリーダー（以下，ＧＬ）か学習支援コーディネーターに希望を伝えると，後日招待状が届き，予約日時が伝えられます。また加えて，保護者の希望やＧＬが必要だと判断した場合も招待状が届くようにしました。その際は，本人の意思により招待を断ることができます。こうすることで，大人が必要だと感じる子どもだけを一方的に抽出して支援を行うのではなく，子どもたちの中に偏見を生みにくい環境を作るよう努めました。その結果，じゅうたんの部屋に行くことを冷やかしたり，からかったりするというような子どもたちの姿は見られませんでした。子どもたちは，自分に招待状が届くのを心待ちにし，招待状をもらうと嬉しそうに笑顔でやってきます。時には，時間になる前からドアの前で待っていたり，自分の時間が終わっ

写真10-4・10-5　「じゅうたんの部屋」での取り組み

ても続けたがったり，次回の予約をして戻る子どもも多くいます。希望者が多く，スケジュールの調整が難しい点が課題です。

（2）学習の実際

自律的に学ぶ練習をする子，自分に合った学び方を探りに来る子，刺激の少ない環境で集中するために来る子，１対１での関わりの中で，苦手なことを学びに来る子など，子どもたちはそれぞれの目的をもってやってきます。それに応じて毎日利用する子，一週間に一度来る子，時々予約を入れる子と利用頻度も様々です。

自律的に学ぶ練習をすることを第一の目的にする子の場合，朝から毎日ほぼ同じ時間に利用しています。じゅうたんの部屋にやって来ると，他愛のない話をしながら今日のコンディションや，一日の流れを一緒に確認しながら，学びに向かう準備をします。気持ちの準備ができたら，複数の課題の中から自分のコンディションに合った教材を三つほど選び，それらに取り組みます。その際，「ことば」「よむ・かく」「かず」の項目を意識できるように簡単な計画表を使います。学習を終える毎にシールを貼って確認し，余白にはここでの学習の様子やこの後すること，約束したことなど，大人にコメントを書いてもらいます。終わって時間があれば好きな教具の中から使ってみたい物を試したり，パズルや双六などのゲームをしたりして過ごします。全部で30分～45分ほどの学習を終えると，この後の学びについてどこで，「誰と」「何を」するのか確認し，終わった課題を持って教室へ戻りGLに伝えます。自分では学習のリズムを作りにくい子にとって，こういったルーティンは落ち着いた学校生活の基盤作りとして非常に大切なものになっています。

学習の内容や方法についても様々で，ブロックアワーの課題を自分で持って来る子，じゅうたんの部屋にある教材・教具を使う子がいます。事前に「こんな学習で困っている」「こんなものを使いたい」とリクエストをしておけばそれに合わせて準備された幾つかの教材や教具の中から選ぶこともできます。プリントや問題集を使う場合もあれば，タブレット教材が合う子，カードやブロックなど具体物を使う子，またそれらを組み合わせて使う子もいます。場面設定をして体を動かしながら学ぶことが得意な子は，お金の模型を使って買い物ごっこをしながら計算をしたり，レストランごっこに使うメニュー表を書いたりして学んでいます。

多くの子どもはこの部屋で個別学習をしていますが，中には他の子がいても少人数であれば大丈夫だという子もいます。そのような子たちを二，三人同じ時間に入れると，それぞれのテーブルで静かに黙々と自分の課題に取り組んでいます。時には上学年の子が下学年の子にタブレットの使い方を教えたり，学習後に一緒にボードゲームやカードゲームをしたりする事もあり，普段交わる事の少ない子ども同士の交流の場にもなっています。

また，週末が近づくと上学年の子どもたちの予約が増えてきます。１週間の予定を立てて学習に取り組んできたけれど，このままでは終わらせることができそうにないと気づき，「刺激の少ない部屋で集中して学習したい」「課題を終わらせたけど，自信がない部分があるので教えて欲しい」と言ってやってきます。更に，集団参加の苦手な子がこの部屋から音楽の時間などにオンラインで授業を視聴することもあります。オンラインだと楽器や歌声などの音量の調整も可能なため，音に敏感な子でも授業に参加しやすくなります。

このように，じゅうたんの部屋は，多様な学び方の選択肢を広げるという意味で重要な役割を果たしています。また，子ども一人ひとりとじっくり向き合える時間と場所として，私たちスタッフにとっても大切な場になっています。今後は，この部屋でできるようになったことを教室での学習につなげることや，協働的に学ぶためのスキルを身に付けるためのSSTを取り入れた学習を行っていきたいと考えています。また，図書室にも個別学習スペースを設けるなど，じゅうたんの部屋だけではなく，学校内の様々な場所を使って子どもたちの多様なニーズに応えていくことが大切だと思っています。

第11章

アメリカの小さな学校から考えるインクルーシブ教育

神戸大学大学院
赤木和重

本稿の目的は，アメリカ・ニューヨーク州での小さなオルタナティブ・スクールにおける学びの多様性を大事にした授業・学校の一例を紹介するとともに，その紹介を通して，日本のインクルーシブ教育が意識的・無意識的にもっている教育観を問いなおすことです。

❶ なぜ外国から学ぶの？

最初に，外国の教育制度や教育方法・内容を学ぶ理由について説明します。「外国の教育を学ぶ」にも様々な意味があるからです。大きく分けると，２つの学ぶ意味があります。例えば，アメリカに行って，読み書き障害の子どもを対象にした「○○プログラム」について研修を受けたとしましょう。その研修に対して，２つの学びかたがあります。

１つ目は，「答えを得る」学びかたです。「読み書き障害の子どもには，○○プログラムが有効だ！」として，このプログラムを，日本で実施できるようにアレンジして普及を目指すというようなものです。これは，指導方法で困っていることへの答えを得る学びかたです。

２つ目は，「問いを得る」学びかたです。○○プログラムを前者のように「答え」として取り入れるものではなく，○○プログラムを学ぶことで，「問い」を得る学びかたです。具体的には，「なぜ，アメリカでは○○プログラムが生まれたのか？」「なぜ，日本では，○○プログラムのような発想が広がらないのか」

といった問いを立てることで，日本の特別支援教育の特徴をとらえなおそうというものです。

いずれの学びかたも重要ですが，本稿では，「問いを得る」学びかたに注目します。インクルーシブ教育が充実している学校の紹介を通して，その教育方法を日本に導入を進めたり，その進め方を紹介するのではなく，「日本のインクルーシブ教育って，なんでこうなってるの？　なににこだわっているの？」という問いを得ることを目的とします。

困っているときほど，一刻も早く答えが欲しいものです。ただ，特別支援教育の質的向上を長期的に考えるのであれば，日々当たり前に思っていることに対して疑問をもち，そこから改善策を考えることが重要です。特に，日常，当たり前のように行われている教育は，当たり前すぎて，その意味を自覚的にとらえることが困難です。海外の教育を知ることを通して，自分の状況を自覚化・相対化することはより重要になります。

❷ インクルーシブ「逆行」教育のなかで

「海外の教育を知ることで，問いを得る」というアプローチは，本書の主題の１つでもあるインクルーシブ教育を考えるうえでも重要になります。インクルーシブ教育の定義については，その推進の契機となったサラマンカ声明(1994)に立ち戻るのがよいでしょう。サラマンカ声明には，「インクルーシブ校の基本的原則は、すべての子どもはなんらかの困難さもしくは相違をもっていようと、可能な際はいつも共に学習すべきであるというものである。インクルーシブ校はさまざまな学習スタイルや学習の速さについて調整をしながら、また、適切なカリキュラムと、編成上の調整、指導方略、資源の活用、地域社会との協力を通じ、すべての子に対し質の高い教育を保障しながら、生徒の多様なニーズを認識し、それに応じなければならない。その際、すべての学校内ででくわすさまざまな特別のニーズにふさわしい、さまざまな支援やサービスがなければならない。」と記されています(https://www.nise.go.jp/blog/2000/05/b1_h060600_01.html)。障害のある子どもたちを含めて，ともに学ぶことを重視することが，インクルーシブ教育の１つの重要な視点といえます。

ただ，日本では，残念ながら，このようなインクルーシブ教育が進んでいるとはいえない状況が続いています。その証拠の１つとして，特別支援学級や学校の在籍児童数の増加があげられます。窪田 (2019) は，学校基本調査をもとに，2007年度から2016年度の10年間で，特別支援学級児童数・生徒数ともに1.9倍に増加したことを指摘しています。同様に，特別支援学校の在籍児童・生徒数や通級指導教室に通う児童・生徒数も増加しています。

この間，少子化で児童・生徒数がおよそ１割減少していることを踏まえれば，いかに，「共に学ぶ」状況が，逆行しているかがわかります。もちろん，「別の場所で学ぶことは，インクルーシブ教育の逆行である」とは単純には言い切ることはできません。別々の場所で学んでいても，交流・共同教育などが充実されることができれば，インクルーシブ教育の１つのかたちともいえます。また，同じ場所で学んでいれば，それがインクルーシブ教育である，と単純には言えません。同じ場所でも，まったく交流がないようなケースがあれば，それは，実質的な「共に学ぶ」かたちではないからです。

ただ，このようなことも差し引いたとしても，特別支援学級・学校の在籍児童数が増加しつづけている事実は，インクルーシブ教育が進んでいるとはいい難いでしょう。さらに，通常学級から，中途で特別支援学級や学校に転籍する児童数もこの10年でおよそ10倍に増加しています (金丸ほか，2019)。その途中転籍の児童には，通常学級に不適応を示したために異動せざるをえなかった事例も報告されています (井上，2010)。

このような事実を踏まえれば，インクルーシブが「逆行」しているともいえます。そうであれば，ますます，今，私たちが「当たり前」となっているインクルーシブ教育の枠組みそのものについて問いなおすことが求められているといえます。

❸ アメリカ・ニューヨーク州にある小さな学校

日本のインクルーシブ教育の枠組みについて考えるきっかけとして，私が，在外研究の機会を得て，2015年度に１年間滞在したアメリカ・ニューヨーク州の中央部，シラキュースという街にある私立学校，New Schoolを紹介します。

New Schoolは，全校在籍児が30人あまりの小さな私立学校です。私が参与観察を行った際，障害のある子どもも複数在籍していました。当初，New Schoolとの出会いは研究目的ではありませんでした。当時小学生の娘がこの学校に通いはじめたからです。当初は，保護者としてかかわりをもちましたが，途中から研究者としても，この学校のユニークさに魅了されるようになり，足しげく通うことになりました。

私が，New Schoolに魅了され，かつ，本稿で紹介する理由は，日本のイメージする一般的なインクルーシブ教育とは大きく異なるからです。New Schoolは，異年齢教育を行っている点が大きく異なりました。５歳児（年長児）から中学２年生までが，障害の有無にかかわらず，ごちゃまぜになって学びます。

日本の一般的な教育形態から大きく異なるNew Schoolの様子を知ることで，いま，私たちが進めようとしているインクルーシブ教育を問いなおす機会が得られるはずです。

4 異年齢教育の実際

さきほど，異年齢教育といいましたが，子どもたちがいつも全員の異年齢集団で学んでいるわけではありません。１日のなかで，「１人で学ぶ」時間，「少人数で学ぶ」時間，「全体で学ぶ」時間があります。さらに「仲のよい友達と学ぶ」時間もあれば，「それほどやりとりが少ない級友と学ぶ」時間もあります。「同年齢の子どもと一緒に学びあう」時間もあれば，「中学生の子どもが小学低学年の子どもに絵本を読み聞かせる」時間もあります。

ただ，この説明だけではなかなかイメージしづらいでしょう。もう少し具体的に説明します。１人の子どもの視点から説明します。子どもは月曜日に登校すると，１人１人「コントラクト」と言われる個別学習計画表を先生から渡されます（表11-1参照）。そこには，一週間の学習予定が書かれています。子どもたちは，この個別学習計画表に沿って，学習を進めます。ちなみに，学年があがると，子どもによっては，空白のコマがある場合もあります。子ども自身

表11-1　Aさん（小学校3年生）の2月1日から5日の学習計画表（コントラクト）

（赤木（2017）より）

	月曜日	火曜日	水曜日	木曜日	金曜日
9:00- 9:20	朝の会㉜	エレナ先生と理科（単元：水のお話）の授業⑤	朝の会㉜	リョウさんによる音楽タイム⑮	マッチングゲーム⑤
9:20- 9:50	エレナ先生とディクテーション⑤		英語のドリル①	Journal at desk（空欄のため活動内容は不明）	サラとYear Book（年次アルバム）の作成②
9:50- 10:20	スナックタイム㉜	スナックタイム㉜	スナックタイム㉜	スナックタイム㉜	スナックタイム㉜
10:20- 10:45-	サラと探し絵② ドリル（英語）①	ジャクソン、クロエと知恵の輪③ ドリル（算数）①	リアムと数独② ドリル（英語）①	エレナ先生とディクテーション⑤	ドリル（算数）① ドリル（英語）①
11:00- 11:50	IXL（算数のコンピューターソフト）3年生用① マイケルと折り紙②	Raz Kids（英語のコンピューターソフト）① ステラと会話②	ルーシー先生とプロジェクト学習（古代インド）⑩	マランダ先生の算数⑤ アリアナと会話②	IXL3年生用① イーサンと折り紙②
12:50- 13:30	先生による読み聞かせ⑩	読書①	読書①	読書①	読書①
13:30- 14:25	Investigations（お楽しみ学習）③～⑥	Investigations ③～⑥	Investigations ③～⑥	Investigations ③～⑥	Investigations ③～⑥

※実際に配布されたコントラクトをもとに、一部改変した。

※丸数字は、子どもの人数を指す。①は1人での学習、②はペア学習を指す。㉜は32名全員参加の活動のこと。ただし、③以上の数は、子どもの出欠状況により多少の変動がある。

がその空白コマに学習内容を自分で決定します。なお，この丸数字は，その活動に参加する人数を示しています。実際のコントラクトに，この丸数字はなく，私が実際の参加人数を確認したうえで，記載したものです。それぞれの学習活動が，様々な人数で行われていることがわかっていただけるかと思います。

5　New Schoolの１日の流れ

１日の流れを，Aさん（小学校３年生）のコントラクトに沿って説明します。月曜日，朝の9時から9時20分，５歳児から中学生までの全員が集まり，朝の会に参加します。内容は，挨拶をしたり，今後の遠足について話し合ったり，午後の活動で何をしたいの希望を聞いたりなどしています。その後，9時20分から9時50分までエレナ先生・友達４人とディクテーションの練習です。Ａさんは日本人で英語力が十分でないこともあって，この活動は，年下の子どもたちと一緒に学びました。その後，スナックタイムがはじまります。これは，全員が集まって，各自持参してきたおやつを食べます。ただし，ただ，おやつを食べるだけではなく，おおむねそこでほかの時間に取り組んだプロジェクトの発表をしたり，大きなイベントの相談活動などの時間にあてられています。リラックスしながら発表を聞けるので，発表する子どもたちもそれほど緊張していないようでした。ちなみに，Ａさんは，教育に関するプロジェクトの際，「日本の学校」について発表しました。ほかの子どもたちは，「え？歩いて学校に行くの？」「給食がすごい！」などと質問や感想を出していました。

その後，10時20分からは，ペアや小集団での学習活動がはいります。Ａさんは，中のよいお姉さんとfind missingに取り組みます。これは「ウォーリーを探せ」のような絵本を用いて一緒に遊ぶという活動です。簡単な絵本で，他のネイティブの友達はあまりこのような活動はしません。Ａさんは，簡単な絵本を通して，英語での会話に慣れたり，友達と仲良くなるのが目的です。この時間に，ネイティブの友達は，３，４人で虫食い算ゲームのような算数や文字に関するゲームをすることが多くなっています。その後，Ａさんは１人で英語のドリルに取り組みます。当初は，複数人での学習活動がはいっていましたが，「ずっと英語を話すのは疲れる」と本人が言ったこともあり，保護者・教員と話し合った結果，１人の活動が増えることになりました。さらに，IXLという算数のコンピューター学習に取り組みます。そして，11時30分ころから，一番仲のよいマイケルと折り紙をします。折り紙は，入学当初はＡさんのみ，毎日取り組んでいました。ほかの友達は，折り紙ができない（折り紙文化がない）ので，Ａさんにあわせて独自に開発された学習活動です。

その後，先生による読み聞かせ活動があります。この日は10人による読み合わせでした。読む本に合わせてグループがかわります。小さい子どもたちの場合は，絵本の読み合わせなどがあてられます。なお，本を読むだけの日もあれば，「本を聞いて，その内容を絵にして表現する」などの活動もあります。

昼食は，自由に座って食べる日もあれば，先生が「今日はこのグループでね」

と決めることもあります。グループを決めるのは，できるだけ，普段話さない子どもともかかわりを持てるように，という意図があるそうです。午後は，基本的に毎日，investigationsという活動です。チェスや大きなブロック，お絵かきなどから好きな活動を自由に選びます。訳がなかなか難しいのですが，硬くとれば「探求学習」であり，柔らかくとれば「お楽しみ学習」です。Aさんの様子を見る限り，後者に近いイメージでした。

6 流動的異年齢教育となづける

フィールドワークに入った当初，New Schoolの教育形態を，どのようにとらえるべきか迷いました。様々な年齢の子どもとともに学ぶという意味ではれっきとした異年齢教育です。「幼少中の超異年齢教育だ！」ということも可能です。

ただ，同時に，きわめて個別化された教育も行われていることも感じました。例えば，Aさんは，英語ができないために，折り紙といった英語を介さなくても友達とかかわりがもてるように個別に配慮されています。加えて，Aさんの学習進度にあわせて緻密に学習内容が配慮されています。このような個別の配慮に加えて，１人で学んでいる時間も準備されています。異年齢でも同年齢でもない個別の学習です。実際，New School自身も，「異年齢の学び」と「個別の学び」，どちらも重視していると，学校のパンフレットに書かれています。

以上をふまえて，私は，New Schoolの学習を「流動的異年齢教育」とよぶことにしました。流動的というのは，「異年齢の全員で学ぶこと」「小集団の異年齢で学ぶこと」「ペアで学ぶこと」「１人で学ぶこと」といったように，それぞれの個々の子どもの学習内容に応じて，学習に参加する人数が流動的に変化するという意味で用いています。

7 流動的異年齢教育のメリット

流動的異年齢教育のメリットについて，インクルーシブ教育の視点から，２点論じます。

１点目は，子どもそれぞれの学ぶ内容・学び方に配慮した学習を進めやすい学習形態だということです。ここまでの紹介にあるように，「同一年齢・同一内容学習」の枠から自由であるために，「３年生だから３年生の算数を学ぶ」必要がありません。障害のある子どもに即していえば，「知的障害のあるＢくんでは，そもそもこの内容は難しい。でも，3年２組にいるために，なんとか学ばせなければならない。どうしたら…」という悩みがなくなります。その子の理解や学びかたにあわせて学習内容を自由に配置することができます。障害のある子どもにとっては，自分の「できる・わかる」ところから出発できるため，結果として，自分の障害を感じにくく，自己肯定感がさがりにくいというメリットがあります。実際，Ａさんは，英語が十分にはできず，特別なニーズ対象児でした。Ａさんに対しては，最初は「折り紙＝英語を話さなくてよい得意な活動」から学校・授業に参加することができたため，「できない自分」を過度に感じることがありませんでした。ASDのある子どももNew Schoolで学んでいましたが，彼の場合は，得意な算数（とくに立体が大好きでした）が，自分の進度に応じて，学年以上のものを学ぶことができていました。そのため，日本の学校でしばしば問題になる「授業がつまらなくて立ち歩く」といった不適応の行動をとるようなケースはありませんでした（もっとも，まったくトラブルがないということはなく，子どもどうしの意見の相違などでけんかになることはあります）。

２つ目のメリットは，子どもどうしがつながりやすくなることです。「個別最適化」の学習ではあるのですが，「孤立」学習ではありません。むしろ，様々なレベルで友達と学ぶことで，子どもどうしの共同学習を複雑化しています。いわば共同で最適化をめざす学習といえるでしょう。

算数の程度が似たような子どもどうしで学ぶことで，お互いに切磋琢磨しやすくなります。また，人見知りの子どもであれば，最初は仲のよい子どもと頻繁に学び，徐々に学校に慣れてくると，年上のお兄さんと一緒に学び，その中で，人間関係を無理なく豊かにしていくことができます。また，中学生が5歳児に，絵本を読み聞かせたり，算数を教えることもありました。中学生にとっては，わかりやすく伝えなければならず，それは知識を再構成したり，「５歳児」という異質な他者の気持ちを理解する機会にもなりますし，５歳児にとってはおねえさんにあこがれ，先生とはまた違う関係性を構築することができます。

子どもの学習や発達は，ヴィゴツキーはじめ多くの論者が指摘するように，個だけで動いていくものではありません。多様なつながりのなかでこそ，学習・発達は展開していきます（赤木，2019）。このような指摘を踏まえれば，様々な共同的な学習機会が，日常の授業のなかにあることは重要です。

この２つのメリットを持つ流動的異年齢教育は，先に紹介したサラマンカ声明によるインクルーシブ学校の理念と近いといえます。サラマンカ声明は，「みんなが一緒に学ぶことがインクルーシブ教育」といった単純な場の統合を目指すものではありませんでした。そうではなく，「個々の多様なニーズに応じつつ，ともに学ぶ」という理念です。この「個のニーズ」と「共に学ぶ」の２軸は，両立が難しいとされてきました。個のニーズに応じて合理的配慮を行いたいが，その合理的配慮が，集団の授業とかみ合わないという「個と集団のジレンマ」であり，そのため，インクルーシブ教育がすすみにくい側面がありました。例えば，算数障害のある子どもに計算機を使わせたいが，同じクラスの子どもから「ずるい」の声が出てきて，なかなか，実践を進めることができないというものです（石垣，2011）。

それに対し，New Schoolの実践は，流動的異年齢教育という学習形態を導入することで，個のニーズに応じつつ，ともに学ぶことを可能にしようとする実践，つまり，サラマンカ声明のインクルーシブ教育に近いものといえます。

❽ New Schoolから問いを得る

本章冒頭でも書いたように，筆者は「New Schoolのような学校を日本に導入しましょう。そのための方法は…」と述べたいわけではありません。もちろん，それも重要ですが，現状の日本の学校教育制度や文化を考えると簡単に導入が進むとは思えないからです。冒頭でも述べたように，本稿では，「New Schoolから問いを得る」という点にあります。

New Schoolの実践から得られる問いは，以下の２つです。

１つは，日本のインクルーシブ教育はなぜ「同年齢」を前提としてすすめるのだろう？　という素朴な問いです。私たちは（少なくとも私は），インクルーシブ教育を進める際に，当たり前のように，いわば空気のように，「同年齢学級」

を前提としてインクルーシブ教育のありかたを考え，悩みます。合理的配慮のあり方を工夫したり，加配の教員をつけて，なんとかして多様な子どもたちを包摂しようと工夫しています。このような工夫は大事であるとともに，冷静に考えれば，かなり困難な仕事だな，と感じます。なぜなら，そもそも同年齢という基準だけで構成される集団であり，必然的に能力の幅は相当，大きいからです（窪島, 2019）。例えば，知的障害のある子どもが今の通常学級で，学習内容を理解するのは，相当難しいでしょう。子どものニーズを誠実に応えようとして合理的配慮をすればするほど，同年齢学級で在籍するのは難しい事実が見えてきます。その結果，通級指導教室，特別支援学級に在籍する傾向が増えるのはある意味，当然です。「同年齢学級」という枠をいったん外して考えると，異年齢を行っているNew Schoolのように，インクルーシブ教育の枠組みそのものを自由に構想することができます。もちろん，現行の制度のなかでは簡単ではないかもしれません。ただ，第10章で紹介されている大日向小学校のように，現行の制度でも可能です。そして，このように今の枠組みを「脱臼」させてみると，今の日本においても「インクルーシブ教育」とは銘打っていないものの，ヒントになるような実践が見えてきます。例えば，複式学級の実践です（赤木ほか，2018）。積極的ではないにせよ，異年齢の学級集団が組織されている複式学級の実践からは，同年齢学級とは異なるインクルーシブの様相を検討することができます。

２つは，日本のインクルーシブ教育はなぜ「一緒・一斉」を重視するのだろう？という問いです。例えば，保育や小学校低学年のクラスに巡回相談にいくと，先生から「○○ちゃんが，みんなと一緒に『いただきます』ができません」という悩みを聞くことがしばしばあります。

しかし，アメリカでは，このような悩みはそもそも出ませんでした。なぜなら，New Schoolを含め，私が見学したアメリカの幼稚園・小学校では，富裕地区・貧困地区問わず，準備ができた子どもから思い思いに食べ始めていたからです（赤木, 2017）。最初は，この様子を見て，違和感を覚えました。しかし，途中から，逆に日本の「いただきます」が気になりはじめました。

そもそも，なぜみんなで「いただきます」をする必要があるのでしょうか。おいしく食べることだけを考えれば，「熱いものを熱いうちに」のほうがよいはずです。準備ができた子どもから食べ始めればいいはずです。なぜ，みんなで一斉に「いただきます」をしなければいけないのでしょうか。

もっとも，急いで断っておきますが，私は，「いただきます」の撤廃を主張したいわけではありません。そうではなく海外の教育事情を見ることで，「なぜ日本では『いただきます』のように，一緒・一斉を当たり前のように求めるのだろう？」という問いが得られることの重要性を伝えたいのです。

「いただきます」に象徴されるように，私たちは，意識している以上に「一緒・一斉」を重視しているのかもしれません。そして，その無意識的に子どもに求める当たり前が，「気になる子」を作っている可能性もあります。例えば，もし，「準備ができた子どもから食べる」というルールにすれば，「衝動性が強くて待てない子ども」がいたとしても問題にならないでしょう。「一緒・一斉」にこだわるからこそ，そこから外れる子どもを「気になる子」「衝動性の強い子ども」として見てしまっている可能性があります(※脚注)。もし，そうであれば，月に数回は，「準備ができた人から食べる」日を設定してもよいでしょう。そうすることで，待つことが難しい子どもも安心して食べることもできます。これは，食事などの生活場面だけではなく，学習場面でも同じことです。「一緒・一斉」の集団でなくてもよいかも，と問いなおしてみると，インクルーシブとは銘打っていないものの，いくつかの興味深い実践が見えてきます。例えば，竹内(2019)による「教科の一人学び「自由進度学習」」などは，同年齢学級の枠組みでありつつも，１人１人個々に学びを深める実践であり，それゆえインクルーシブ教育と接続させて考えることが可能になります。

※なお，「一緒・一斉」教育は日本の教育文化としてみなされがちですが，本田(2020)の論考を参照すれば，近年になって，強まってきていることがわかります。本田(2020)は，「一緒・一斉」を「水平的画一化」と呼び，その傾向が，2006年の新教育基本法の制定以来強まっている傾向があることを指摘しています。確かに，この数年で，「グー・ピタ・ピン」などの授業スタンダードが流行しており(赤木, 2018)，「日本文化」と単純に片づけられません。この点については，本稿の目的を越えますが，インクルーシブ教育を進めるうえでも，目配りしておきたい事実です。

9 おわりに

海外の教育から学ぶことは，海外に答えを求めるだけではなく，当たり前に思っている私たちの教育を疑問に思える機会にもなります。そのことで，今のインクルーシブ教育を問いなおしつつ，未来を構想する糸口を得ることができるようになります。

文献

赤木和重(2017)．アメリカの教室に入ってみた：貧困地区の公立学校から超インクルーシブ教育まで．ひとなる書房．

赤木和重(2018)．わが国のインクルーシブ教育の進展と排除．教育，864，67-73．

赤木和重(編)(2019)．ユーモア的即興から生まれる表現の創発：発達障害・新喜劇・ノリツッコミ．クリエイツかもがわ．

赤木和重ほか(2018)．複式学級における教育可能性の再発見：授業づくり・インクルーシブ教育・自尊感情の視点から．へき地教育研究，72-85-94．

本田由紀(2020)．教育は何を評価してきたのか．岩波新書．

井上昌士(2010)．知的障害者である児童生徒に対する教育を行う特別支援学校に在籍する児童生徒の増加の実態と教育的対応に関する研究．平成21年度研究成果報告書．独立行政法人国立特別支援教育総合研究所．

石垣雅也(2011)．クラスの子どもたちや，教師集団の理解をどうつくっていくか：通常学級における特別支援．障害者問題研究，39，68-71．

窪島 務(2019)．発達障害の教育学：「安心と自尊心」にもとづく学習障害理解教育と教育指導．文理閣．

窪田知子(2019)．学校基本調査・特別支援教育資料にみる特別支援学級の現状と課題．障害者問題研究，47，2-9．

金丸彰寿ほか(2019)．インクルーシブ時代の「転籍」に関する定量研究(2)：1968-2018年における小学校通常学級在籍児童の「転籍率」の歴史的変遷．日本特殊教育学会第57回大会発表論文集．

竹内淑子(2019)．教科の一人学び「自由進度学習」の考え方・進め方．黎明書房．

付記：本原稿は，科研基盤(C)「異年齢教育による障害の「不可視化」機能：インクルーシブ教育の新次元」の助成を受けた。

おわりに

2020年１月末，日本が，世界がこんなに変わるとは，全くもって予想していませんでした。新型コロナウイルス感染症（COVID-19）とは，おそろしいものですが，何がおそろしいのか，わかりにくいことも事実です。「見えないウイルス」が「感染する」こと自体がわかりにくく，実体験や実感の伴わないものであります。どのようなことをしたら感染し，または感染しないのか。反対に，何をしないと感染しやすかったり，感染しにくかったりするのか。もし感染したらどうなるのか。

この状況は，障害等による制限や制約の大きな人にとっては，見通しが持ちにくく，何をすべきか／何をしない方がよいのか，わかりにくい不安な月日を過ごされたのではないかと推察します。この状況は何なのか，どうなるのか，予測性の低い状況が苦痛であることを私自身も実感したところです。

ところで，COVID-19により，いろんな変化が起きました。本来，原則，行くべきであるとされている学校や職場には行ってはいけないことになりました。大学も入構を禁止し，大学の授業は教員と学生が実際に出会って集団・対面式で実施するといった常識が覆されました。人と人との距離的に近くでの接触は望ましくないためです。「人が集まってはいけない」ことから，オンライン授業に変更されました。大学の教員側は「オンライン授業とは」「さまざまなオンライン・ツールの使い方」「オンライン授業を受ける学生側の現状」などの多くの研修を受け，なんとかオンライン授業ができるように取り組んできました。

一方，オンライン授業を受ける学生の立場で考えると，①情報へのアクセスができるかどうか，②アクセスした情報を使用できるかどうか，③アクセスした情報を活用できるか（そのためには，わかっておもしろい情報であることが必要でしょう），④得られた情報から，自分自身の学びに取り込めるか，⑤授業ごとの学習とその課題に取り組むことのマネジメント等，が学習プロセスとして必要なように思います。

私もオンライン授業のための教材等を作成しながら，「大学での学びとは何であるか」や「そもそもこれまでの授業で何を伝えて，何を学んでもらいたかったのか」という「そもそも（原点）」を考える機会になりました。さらに，現在，大学には，さまざまな障害のある学生も多く在籍しています。そのような学生への①～⑤を考えることは，「学びとは何か」について，よい意味で，強制的に考えさせられたよい機会となったのです。

以上のように，「緊急事態」という出来事により，変更不能と考えられていた世の中のルールが真逆に変更されるということが起きました。それに伴い，求められる行動も「これまではしましょう！となっていた行動」が「しないでください」へ，「これまではしてもしなくてもよかった行動」が「絶対してください」等に変更されたわけです。

＊　　＊

さて，本企画は，神戸にて開催された第3回研究集会（2020年1月25日）「学びの多様性をふまえたインクルーシブ教育とは」，及びオンライン開催となった第29回年次大会（2020年10月10日～11日）「発達障害と教育の未来――学びの多様性をふまえた学校づくりへ」を通して考えようとしたテーマに基づきます。各筆者の主張はどれも社会の有り様を変更することを前提とする重要な考え方を背景にしています。

私自身，数年前に「イエナプラン教育」の話をはじめてお伺いしたときには，強い衝撃を受けました。一方，「これはすごいけれども，正直，日本でどのように取り入れることができるのだろうか」といった疑問に近い思いも持ちました。また，過去をさかのぼれば，私自身，まだ大学院生の頃に「特殊教育／障害児教育」が「特別支援教育」に変更され，名称の変更にとどまらず，その内容・方法も大きく変革を遂げていくこと自体，全くもって予想していませんでした。

つまり何を言いたいのかというと，社会の有り様は間違いなく変わってきており，変わっていくのだということです。社会の有り様といった環境も変われば，環境に求められる行動も変わってきます。また，その社会の有り様の変化に押し流されるのではなく，「学びの多様性」とは何なのか，「学び」と「多様性」について原点回帰してみる，今がちょうどよいタイミングだと思うわけです。

私自身，読後に，社会の有り様が余儀なく変更されてからの変容ではなく，社会の有り様自体を変えるチャレンジをしながら，その新しい有り様に応えるべく変更を考えていけたら，とも思いますし，みなさまと一緒に考えていけたら，もっと素晴らしいことになると思っています。

最後に，本書を最後まで読んでいただき，ありがとうございます。

2020年7月7日　兵庫県加東市　研究室　於

兵庫教育大学　井澤信三

著者紹介 ※掲載順

宇野　宏幸	（うの・ひろゆき）	編者・兵庫教育大学大学院学校教育研究科教授・日本LD学会 第29回大会長
鳥居　深雪	（とりい・みゆき）	神戸大学大学院人間発達環境学研究科教授
井澤　信三	（いさわ・しんぞう）	兵庫教育大学大学院学校教育研究科教授・日本LD学会 第29回副大会長
花熊　曉	（はなくま・さとる）	関西国際大学大学院人間行動学研究科教授
涌井　恵	（わくい・めぐみ）	国立特別支援教育総合研究所インクルーシブ教育システム推進センター主任研究員
阿部　利彦	（あべ・としひこ）	星槎大学大学院教育実践研究科教授
中嶋　信啓	（なかしま・のぶひろ）	岐阜県多治見市立笠原中学校校長
石橋由紀子	（いしばし・ゆきこ）	兵庫教育大学大学院学校教育研究科准教授
奥村　好美	（おくむら・よしみ）	兵庫教育大学大学院学校教育研究科准教授
桑原　昌之	（くわはら・まさゆき）	学校法人茂来学園大日向小学校校長
宅明　健太	（たくみょう・けんた）	学校法人茂来学園大日向小学校教頭
佐藤麻里子	（さとう・まりこ）	学校法人茂来学園大日向小学校教諭
吉冨一九子	（よしとみ・いくこ）	学校法人茂来学園大日向小学校教諭
赤木　和重	（あかぎ・かずしげ）	神戸大学大学院人間発達環境学研究科准教授

編著者紹介

宇野宏幸（うの・ひろゆき）

兵庫教育大学大学院教授。博士（人間科学）。大阪大学大学院人間科学研究科行動学専攻博士後期課程修了。㈱日立製作所基礎研究所研究員，獨協医科大学医学部助手，千葉大学文学部助手，兵庫教育大学講師，同大学助教授，兵庫教育大学大学院助教授，同大学院准教授を経て現職。専門領域は，通常学級における授業方法論，特別支援教育におけるリーダーシップ論。現在は，兵庫教育大学大学院発達障害支援実践コース長。主な著書に『特別支援教育における地域のトップリーダーを考える』（共編著・ジアース教育新社，2016），『問題解決！先生の気づきを引き出すコミュニケーション』（共編著・ジアース教育新社，2016），『アクティベート教育学 07 特別支援教育』（共著・ミネルヴァ書房，2019），『自己制御の発達と支援』（共著・金子書房，2018），『ズバッと解決ファイル V3 対談編』（共著・金子書房，2017），『ユニバーサルデザインの視点を活かした指導と学級づくり』（共著・金子書房，2014）など。モットーは，エヴァンゲリオンで学ぶ世界観。

一般社団法人日本LD学会第29回大会実行委員会

大会長・宇野宏幸，副大会長・井澤信三，事務局長・高畑英樹（社会福祉法人陽気会），会計・小林祐子（小野市発達支援室），委員・石橋由紀子，岡村章司（兵庫教育大学），鳥居深雪，西岡有香（大阪医科大学 LD センター）。日本 LD 学会第 3 回研究集会（2020 年 1 月 25 日）の開催も担当。

学びをめぐる多様性と授業・学校づくり

2020年9月30日　初版第1刷発行　［検印省略］

編著者　宇 野 宏 幸
　　　　一般社団法人日本LD学会第29回大会実行委員会
発行者　金 子 紀 子
発行所　株式会社 金子書房
〒112-0012　東京都文京区大塚3-3-7
TEL　03-3941-0111(代)
FAX　03-3941-0163
振替　00180-9-103376
URL　https://www.kanekoshobo.co.jp/
印刷／藤原印刷株式会社
製本／一色製本株式会社
装丁・デザイン・本文レイアウト／mammoth.

ISBN 978-4-7608-3421-1　C3037
Printed in Japan